ZWERGE HABEN GROSSEN HUNGER

Impressum:
ISBN: 978-3-903989-16-0

echo medienhaus ges.m.b.h.
A-1060 Wien, Windmühlgasse 26
Produktion: Ilse Helmreich
Layout: Elisabeth Waidhofer
Bilder/Illustrationen: www.shutterstock.com
Lektorat: Anke Weber
Herstellungsort: Wien

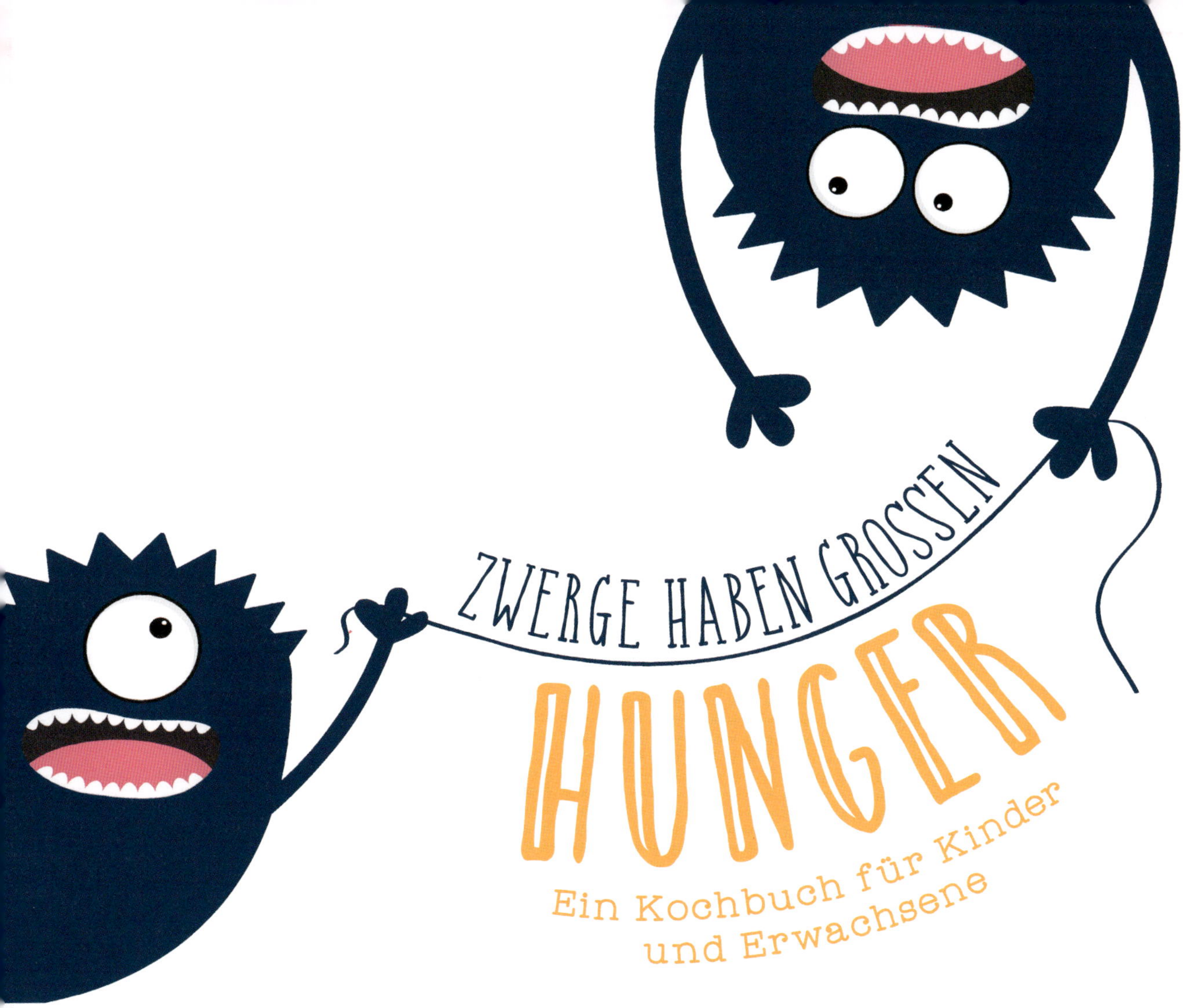

Zwerge haben grossen Hunger

Ein Kochbuch für Kinder und Erwachsene

Sara Pancot

echomedia
BUCHVERLAG

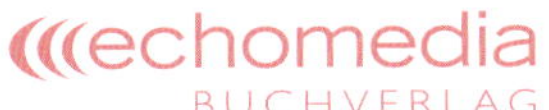

Liebe Kinder,

in der Küche ist immer was los. Ihr könnt eine Entdeckungsreise durch die Welt der Geräusche, Geschmäcker und Düfte machen, während euer Projekt, euer Zaubertrank oder euer magisches Essen von der Idee zur Form wächst.

Wollt ihr eure eigenen Regeln aufstellen? Dann ist die Küche perfekt. Hier könnt ihr mischen, entdecken, variieren, kreieren. Kochen ist ein Spiel und zugleich Kopfgymnastik. Vergesst nicht, dass ein Rezept kein Gesetz ist. Ein Rezept zu ändern, bedeutet kreativ zu sein. Wenn ihr etwas macht, das schon gemacht wurde, dann habt ihr nur kopiert.

Also lasst euch von diesen Rezeptideen inspirieren, aber gebt immer eure eigene Note dazu. 😉

Viel Freude dabei!

WAS KINDER JE NACH ALTER IN DER KÜCHE TUN KÖNNEN

Praktische Aktivitäten sind ein echter Fitnessraum für Kinder – vom Waschen über das Anziehen bis zum Aufräumen. Auch Kochen kann ein Teil ihrer Entwicklung werden. Vom Sitzen und Beobachten des Essens, das für die Kinder zubereitet wird, bis hin zur Zusammenstellung der richtigen Gerichte können Kinder und Jugendliche beim Kochen viel lernen.

Von der Entwicklung der fünf Sinne bis zum Lesen und Verstehen von Rezepten gibt es eine Reihe von Dingen, die Sie mit Ihren Kindern in der Küche tun können. Je nach Altersgruppe, ohne dabei ihre Bedürfnisse und Vorstellungskraft zu vergessen. Und natürlich immer mit Zuneigung!

Alles beginnt mit ca. 6 Monaten

Wenn das Kind anfängt, alleine zu sitzen, beginnt es auch, seine ersten autonomen Erfahrungen zu machen, und

seine Nahrung ist eine davon. Der Geschmack völlig neuer Lebensmittel, das Warten auf das Essen und der Aufenthalt im Küchenraum stärken seine Verbundenheit mit der Familie und mit der Umwelt. So kann es bereits in dieser ersten Phase bei der Zubereitung einfacher Speisen tätig sein und etwa Wasser und Mehl rühren oder Obst zerquetschen. Lassen Sie das Kind die Zutaten oder seinen Brei mit den Händen berühren, wenn es neugierig ist. Heiß, kalt, weich, hart ... alles ist neu und alles wird mit Gelassenheit entdeckt.

 1 Jahr: Vergleich und Zusammenarbeit

In dieser Phase beginnt das Kind, mit Ihnen zu interagieren. In der Küche vergleicht es seinen Geschmack und seine Bedürfnisse mit Ihnen, also müssen Sie das Terrain des Vergleichs gut planen. In diesem Alter können die Kinder alles essen. Sie können bereits viele Küchengeräte erkennen und teilweise verwenden. Lassen Sie sich beim Bringen eines Geräts oder beim Drücken einer Taste helfen. Kinder können das.

2 Jahre: echte Helfer

Ihre Kinder haben nun einen gut ausgebildeten Geschmackssinn. Die Auswahl an Speisen, die sie zubereiten können, ist sehr groß. In diesem Alter wissen sie auch, dass Essen mehr ist als nur Nahrung, und wenn sie wollen, wissen sie es auch als Erpressung zu nutzen. In diesen Fällen ist es wichtig, auch bei Ablehnung ruhig zu bleiben. Es ist gut, Kinder in die Zubereitung der Speisen einzubeziehen: beim Gießen, Sieben, Mischen, Rollen, Formen.

3–4 Jahre: Sie sind die Köche

Wahrscheinlich ist es Ihr Wunsch, Ihren Kindern beizubringen, alles zu essen – solange es gesund ist. Um dies zu erreichen, müssen Sie neben Einschränkungen die Vorlieben und die Autonomie des Kindes berücksichtigen. Die Autonomie von Kindern drückt sich in ihrem Wunsch aus, ein Gericht alleine zubereiten zu können, auch wenn die Küche danach etwas chaotisch ausschauen könnte.

5–6 Jahre: Lerne die Logik des Rezepts

Wenn Kinder wachsen, steigt ihr Experimentierbedürfnis. Sobald sie verschiedene Lebensmittel kennen und gelernt haben, sie zu lieben, werden sie anfangen zu experimentieren, um zu verstehen, wie sich Lebensmittel kombinieren lassen und welche Ergebnisse daraus entstehen. Eltern können Kindern in dieser Phase gerne beibringen, wie sie ein Rezept vorbereiten, oder auch nicht ... und so entstehen neue Kreationen!

 7–8 Jahre: Die Schule ist die Küche

Inzwischen können sie lesen, schreiben und zählen. So kann die Küche die Schule in der Praxis werden. Das Lesen eines Rezeptes – vor allem, wenn kein Bild vorhanden ist – ist eine große Hilfe, um das Lesen bei all jenen Kindern zu üben, die nicht gerne lesen. Das kann auch zur Entwicklung des Schreibens und des logischen Denkens beitragen.
Sie können etwa zusammen mit Ihren Kindern ein Spiel spielen und ein neues Rezept erfinden, das unter Beachtung der Reihenfolge der Schritte geschrieben werden muss. Oder Sie lassen sich bei der Zubereitung eines Gerichts helfen: Lassen Sie die Kinder alle Zutaten vorbereiten, indem sie sie nach Typ klassifizieren: von fest bis flüssig, von dem, was zuerst benötigt wird, bis zu dem, was später hinzugefügt wird, von den schwereren bis zu den leichteren, von denen, die in den Ofen kommen, bis zu jenen, die in den Kühlschrank gestellt werden.

9–10 Jahre: Gemeinsam mit Gleichaltrigen kochen

Kinder in diesem Alter wollen oft nicht mehr Kinder genannt werden. Sie fühlen sich autonom und kochen gerne mit Freundinnen und Freunden. Sie können problemlos Rezepte & Co. im Web anschauen und sich inspirieren lassen. Sie posten da und dort ihre Kreationen. Es ist wichtig, dass Sie bei der Verwendung mancher Geräte dabei sind und dass Kinder lernen, wie echte Köchinnen und Köche alles wieder sauber zu machen.

Nun ist es wirklich so weit.

Kinder können kochen

Dieses Buch ist für Kinder gedacht. Sie können durch einfache Rezepte etwas Neues lernen und etwas anderes kreieren.

Mit Genuss in den Frühling starten. Die dunklen und kalten Wintertage sind bald vorbei.

Die ersten Frühlingsboten sind die wilden Kräuter. Sie wecken deine Lebensgeister und machen dich richtig munter.

REZEPTE

ANTIPASTI, SNACKS, SUPPEN

HAUPTGERICHTE

BEILAGEN

DESSERTS

Zutaten für
4 Personen:

200 g frisches Gemüse deiner Wahl

Zutaten für die Füllung:

100 g frisches Gemüse deiner Wahl

Zutaten für die Gemüsecreme:

Gemüse deiner Wahl (z. B. Karotten)

1 Lage Mürbteig

2 EL geriebene Mandeln

2 EL gehackte Petersilie

2 EL Kerne deiner Wahl (z. B. Kürbiskerne)

Olivenöl, Salz, Pfeffer

1. Gemüse für die Füllung waschen, klein schneiden und in einer Pfanne mit etwas Öl anbraten. Wenn das Gemüse weich geworden ist, Salz dazugeben und umrühren.
2. Den Mürbteig ausrollen, mit dem Zinken einer Gabel einstechen und mit dem Gemüse, den geriebenen Mandeln, der gehackten Petersilie und den Kernen bedecken. Den Teig von der längeren Oberseite aus einwickeln und einen Zopf formen. Verschließe den Zopf, indem du die freie Kante mit einem Tropfen Wasser anfeuchtest.
3. Etwa 1 cm dicke Scheiben mit einem gut geschärften Messer abschneiden. Die Scheiben auf ein mit Backpapier ausgelegtes Backblech legen. Bei 200 °C ca. 25 bis 30 Minuten backen, bis die Scheiben goldgelb und knusprig sind.
4. Während die Schnecken im Backofen sind, hast du Zeit, die Gemüsecreme vorzubereiten: Gemüse deiner Wahl (z. B. Karotten) waschen und schneiden. In einem Topf mit einem Glas Wasser ca. 6 bis 8 Minuten weichkochen. Danach etwas Olivenöl (ca. 1 TL), Salz und Pfeffer hinzufügen und mit einem Stabmixer das Gemüse pürieren. Wenn es zu wenig cremig ist, kannst du noch ein wenig Wasser dazugeben.
5. Die Schnecken mit einem Löffel Creme darauf servieren. Sie werden köstlich schmecken!

Schnecken aus Mürbteig

und Gemüsecreme

Tipps:

- ★ Du kannst diese Speise 2 bis 3 Tage im Kühlschrank in einem Lebensmittelbehälter aufbewahren oder als Jause überallhin mitnehmen.
- ★ Das Gemüse kann bizarre Formen haben. Hast du schon einmal eine „Zweifüßer-Karotte" oder eine „zweiköpfige Kartoffel" gesehen? In den Supermärkten wirst du leider nicht fündig werden, weil dort nur ausgewähltes Gemüse verkauft wird. Ich empfehle dir, in Bio-Märkte zu gehen oder direkt am Bauernhof zu schauen.

Quiz:

★ Weißt du, woher dieses Rezept kommt? In diesem Land gilt es als Frühstück.

Aus Japan?
Aus Afrika?
Aus Spanien?

Spanien

★ Ist dir aufgefallen, wie gut eine Speise mit so wenigen Zutaten sein kann? Welche anderen Rezepte brauchen wenige Zutaten?

Pasta al pomodoro, focaccia, deine neuen Kreationen

KOMBINATION

BURGER AUS KICHERERBSEN MIT TAHINI UND ERDNUSSMUS

Tostadas
con Tomate

Zutaten für
4 Personen:

4 Scheiben Bauern-Mischbrot

2–3 Tomaten

Salz

5 EL Olivenöl

1. Tomaten waschen und halbieren. Die beiden Hälften mit einer Käsereibe reiben (größere Löcher).
2. Das so erhaltene Tomatenmark salzen und mit dem Olivenöl verrühren.
3. Brotscheibe im Toaster oder in einer Pfanne toasten.
4. Tomatenmark daraufgeben und noch warm servieren.

Tipp:

★ Könntest du dir vorstellen, noch ein wenig Zimt dazuzugeben? Was könnte noch dazu passen? Versuche, dieses Rezept durch kleine Variationen so zu verändern, dass es für jedes Familienmitglied und alle Freundinnen und Freunde passt. 😉

Smoothie aus weißen Bohnen

und Beeren

ZUBEREITUNGSZEIT:
10 MIN

Zutaten für
4 Personen:

1 Dose weiße Bohnen
(ca. 400 g)

150 g Haferflocken

200 g Beeren
deiner Wahl

1 TL Leinsamen

2–3 Datteln

Saft von 1 Zitrone

1 Glas Wasser oder
pflanzliche Milch

Die Bohnen und Beeren abwaschen und abtropfen lassen. Alle Zutaten in einen Standmixer geben und alles mixen, bis ein cremiger Smoothie entsteht.

Sollte die Masse zu wenig cremig sein, dann kannst du noch Wasser oder pflanzliche Milch dazugeben

Italienisches Streetfood: Farinata

1. In eine Schüssel mit Kichererbsenmehl langsam Wasser (Zimmertemperatur) gießen und gleichzeitig mit einem Schneebesen rühren, damit sich keine Klumpen bilden. Dann Olivenöl, Kurkuma und Salz unterrühren.
2. Schüssel mit einem Teller oder Tuch zudecken und den Teig am besten 4 bis 5 Stunden ruhen lassen.
3. Eine feuerfeste Form einölen und den flüssigen Teig hineinfüllen. Im Backofen 30 Minuten bei 250 °C backen.

Zutaten für
4 Personen:

300 g Kichererbsenmehl

900 ml Wasser

50 g Olivenöl

1 TL Salz

½ TL Kurkuma

Geschichte:

★ In Italien wird die Farinata noch warm als Füllung in einer Semmel oder Focaccia gegessen. Das ist ein sehr altes Rezept und kommt aus der Seefahrt. Wenn du mehr dazu wissen möchtest, schau hier in den QR-Code hinein.

Brennnessel

Spiralen

Tipps:

★ Achtung: sehr heiß! Es kann passieren, dass du dich beim Kochen verbrennst. Das ist schon so manchem Spitzenkoch passiert. Es ist sehr wichtig, die Verbrennung richtig zu behandeln. Weißt du wie? Kleidungsstück sofort entfernen, wenn dieses nicht auf der Haut klebt. Verbrannte Körperteile mit handkaltem Wasser kühlen. Keine Hausmittel wie Öle, Mehl oder Puder draufgeben. Wenn die Verbrennung schlimm ist, unbedingt die Rettung anrufen. Kennst du die Nummer der Rettung auswendig?

KOMBINATION

GEBRATENER SPARGEL MIT KRÄUTERCROÛTONS

Zutaten für
8 Stück:

300 g Brennnesseln

1 Zwiebel

Salz nach Belieben

etwas Bratöl

Zutaten
für den Teig:

300 g Mehl
(kann auch Buchweizenmehl sein)

Salz

200 ml Wasser

½ TL Kurkuma

1. Mehl, Salz, Kurkuma in einer Schüssel durchmischen, langsam 150 ml Wasser dazugießen und mit dem Mixer (am besten mit dem Teigmixer) durchmixen.
2. 50 ml kochendes Wasser dazugeben und 3 Minuten durchmixen, bis der Teig schön gleichmäßig ist. Dann 20 Minuten zugedeckt (Tuch oder Teller) ruhen lassen.
3. Inzwischen in einer mit Bratöl gefetteten Pfanne die feingewürfelte Zwiebel rösten.
4. Brennnesseln grob geschnitten zugeben und ca. 4 Minuten braten, bis sie etwas weicher geworden sind, danach salzen.
5. Mit einem Esslöffel ein Stück Teig abstechen und ein Rechteck von ca. 12 cm Durchmesser auswalken. Brennnesselmasse daraufgeben und den Teig einrollen, sodass er die Form einer Salami hat. Anschließend die Rolle zu einer Spirale oder Schnecke formen und mit den Fingern fixieren.
6. Die Spirale oder Schnecke in eine gefettete Pfanne legen und bei mittlerer Hitze braten (ca. 3 Minuten pro Seite), bis sie eine schöne goldgelbe Farbe bekommt. Noch warm servieren.

Tipp:

★ Du könntest deine Gäste mit einer Mischung, die an geriebenen Käse erinnert, überraschen, und zwar mit

2 EL Hefeflocken,
1 TL Kürbiskerne,
1 TL Sesamsamen,
1 TL Leinsamen, ½ TL Salz
und ein wenig Pfeffer. Alle Zutaten mit dem Standmixer mixen und in beliebiger Menge auf das Risotto streuen. Lass deine Gäste erraten, mit welchen Zutaten diese Mischung zubereitet worden ist.

Einkornrisotto mit Bärlauch

Zutaten für
4 Personen:

250 g Grünkern

1 Zwiebel

1 Karotte

1 Bund Bärlauch

3 EL Olivenöl

2 EL Apfelessig

½ TL Kurkuma

Salz

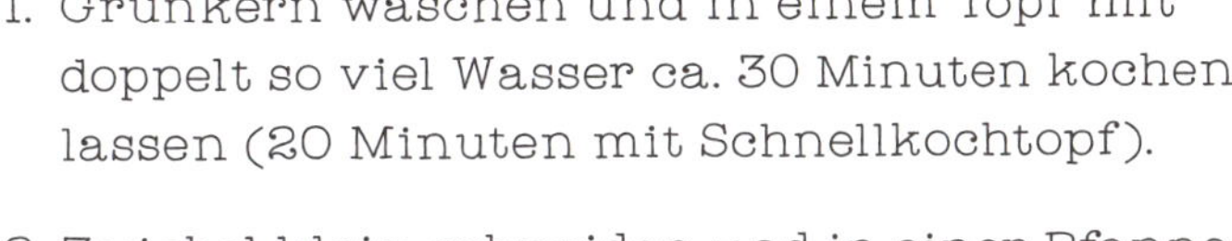

1. Grünkern waschen und in einem Topf mit doppelt so viel Wasser ca. 30 Minuten kochen lassen (20 Minuten mit Schnellkochtopf).
2. Zwiebel klein schneiden und in einer Pfanne mit Olivenöl anrösten.
3. Karotte waschen und in kleine Würfel schneiden, gemeinsam mit Apfelessig und Kurkuma zu den Zwiebeln geben.
4. Bärlauch waschen und in kleine Stücke schneiden.
5. Sobald der Grünkern dicker und weicher geworden ist, mit den anderen Zutaten gut vermischen. Bärlauch, Salz und Olivenöl dazugeben. Das Grünkernrisotto noch 5 Minuten anbraten und servieren.

Burger aus Kichererbsen mit Tahini

und Erdnussmus

Zubereitungszeit:
25 Min

Zutaten für
6 Burger:

800 g Kichererbsen aus der Dose oder 500 g getrocknete Kichererbsen

1 große Zwiebel

100 g Buchweizenmehl

2 EL Tahini-Paste (oder Erdnussmus)

2 EL Leinsamen

2 TL gemahlener Kreuzkümmel

Salz und Pfeffer

Olivenöl

1. Zwiebel in kleine Würfel schneiden.
2. Alle Zutaten außer einer Handvoll Kichererbsen und Zwiebeln mit dem Mixer verrühren oder mit dem Kartoffelstampfer stampfen, bis eine gleichmäßige Masse entsteht.
3. Dann die verbliebenen Kichererbsen und die Zwiebeln dazugeben und mit einem Löffel vermischen. Sollte die Masse zu weich sein, dann gib einfach etwas mehr Mehl dazu.
4. Je 2 Löffel der Masse wie einen Burger formen. Die Burger 5 Minuten pro Seite in einer Pfanne mit wenig Olivenöl braten.
5. Serviere die Burger mit Fantasie. Zum Beispiel in einem Sandwich mit Salat dazu oder auf einem Teller mit ein wenig Erdnussmus oder mit einem gemischten Salat und Erdnüssen.

Tipp:

★ Die Küche ist wie ein Konzertsaal. Achte ganz genau auf die Geräusche. Das Essen „spricht" und sagt dir – wenn du gut zuhörst – ganz genau, wie lange es noch gekocht werden sollte. Probiere es selber. Nimm eine größere Teetasse voller getrockneter Bohnen oder besser Kichererbsen und lass sie in einer Schüssel mit Wasser einweichen. Nach einer Weile wirst du tick, tack, teck hören, da die Kichererbsen beim Wasseraufnehmen an der Oberfläche der Schüssel oder auch gegeneinander „klopfen". Wenn du aber zum Beispiel Bohnen zum Kochen bringst, dann hörst du glu, glu, glu, tock, tack, tock. Wenn die Bohnen weicher geworden sind, klingen sie nicht mehr so klar und man hört eher ein Bloff, Bloff, Bloff. Wenn das Kochwasser weniger wird und die Bohnen sehr weich geworden sind, muss man sehr aufpassen. Hörst du nichts mehr? Dann kleben sie schon auf dem Topfboden, noch bevor der Geruch von Verbranntem aufsteigt. Nach einer Weile der Stille riecht man das Verbrannte und die „Musik" klingt eher wie ein TZSCHSCHSCHSCH. Früher oder später wird jeder diese Erfahrung machen. Um den Topf wieder sauber zu bekommen, kannst du auf die schwarzen geklebten Flecken Natron mit Essig einwirken lassen … und brauchst Geduld.

Tipps:

★ Du könntest die Croûtons auch einfach selber vorbereiten, indem du eine Scheibe Brot, zum Beispiel Bauernbrot, in Würfel schneidest und in einer Pfanne anbrätst. Je feuchter das Brot ist, desto länger und schonender solltest du die Würfel anbraten. Am Widerstand des Messers beim Schneiden erkennst du, ob ein Brot feucht ist. Wenn das Brot eher trocken ist, lässt es sich ganz leicht schneiden. Wenn das Brot feucht ist, wird dir das Schneiden schwerer fallen, manchmal brechen gröbere Stücke weg.

★ Wirf nicht weg, was nicht schön geworden ist, sondern denke immer: „Was könnte ich damit machen"?

BRENNNESSELSPIRALEN

Gebratener Spargel

ZUBEREITUNGSZEIT: 10 MIN

mit Kräutercroûtons

Zutaten für
4 Personen:

400 g Spargel

3 EL Olivenöl

2 EL Semmelwürfel

2 EL frische Kräutermischung deiner Wahl

1 EL Sesamsamen

Salz

Saft von 1 Zitrone nach Belieben

1. Spargel waschen und die harten Teile entfernen. Eventuell mit einem Kartoffelschäler die harte Haut abschälen.
2. Spargel mit Gummiband zusammenbinden und in einem geeigneten hohen Topf in wenig kochendem Wasser ca. 7 Minuten stehend dämpfen, wobei die Spitzen über den Topfrand stehen sollten.
3. Semmelwürfel mit frischen, gehackten Kräutern, Salz, 2 EL Olivenöl und Sesamsamen in eine Schüssel geben und zusammenmischen.
4. Spargel abtropfen und in eine geölte Pfanne legen. Salz, Semmelwürfel draufgeben und so lange braten, bis die Semmelwürfel hellbraun sind.
5. Spargel warm, eventuell mit ein paar Spritzern Zitronensaft servieren.

Karfiol-Kartoffel-Püree

ZUBEREITUNGSZEIT: 20 MIN

1. Geschälte Kartoffeln in Salzwasser kochen, anschließend schälen, solange sie noch warm sind.
2. Inzwischen den Karfiol in Röschen teilen und in Scheiben schneiden. Den Stiel ja nicht wegwerfen. Man kann ihn schneiden und einfrieren, um ihn später als Zutat für eine Gemüsesuppe zu verwenden.
3. Karfiol ca. 3 bis 4 Minuten dünsten. Er soll richtig weich werden.
4. Geschälte Kartoffeln und Karfiol in einem Passiergerät pürieren. Muskatnuss, Salz und pflanzliche Milch dazugeben und rühren. Sollte das Püree zu wenig flüssig sein, kannst du noch mehr pflanzliche Milch oder ein wenig Wasser hineingeben.

Tipp: Am besten schmeckt das Püree, wenn du es warm isst.

Zutaten für **4 Personen:**

1 Karfiol (Blumenkohl)

ca. 500 g Kartoffeln
(das Verhältnis zwischen Karfiol und Kartoffeln sollte gleich sein)

4 EL Olivenöl

Salz

½ TL Muskatnuss
nach Geschmack

KARFIOL IST REICH AN VITAMIN C UND B.

Tipps:

★ Wenn du Lust auf Farbe hast, kannst du Karfiol bunter machen. Versuche zum Beispiel, ihn mit ein paar Rote-Rüben-Scheiben gemeinsam zu kochen. Du kannst es auch mit Rotkohl probieren, aber du wirst diesen eher bei den Tiefkühlwaren finden, weil Rotkohl erst im Herbst geerntet wird.

★ Man kann Karfiol auch roh essen. Probiere, ihn zu reiben und mit Kurkuma, Salz, Petersilie und Zitronen zu marinieren. Hervorragend!

KOMBINATION

EINKORNRISOTTO MIT BÄRLAUCH

Tipp:

- Man kann viele Gerichte mit essbaren Blumen dekorieren und genießen, zum Beispiel Gänseblümchen, Klee, Ringelblumen, Lindenblüten, Rosenblüten, Lavendel, Hibiskus, Kapuzinerkresse-Blüten, Kürbisblumen. Welche kennst du noch?

Gebackene Akazien

Zutaten für
8 Stück:

8 Akazienblüten
(entweder die gelben
oder die weißen)

150 g Buchweizenmehl

150 ml pflanzliche
Milch

1 EL Agavendicksaft

1 Prise Salz

Bratöl

1. Die Stängel mit den kleinen Blüten vorsichtig in einer vollen Wasserschüssel waschen, vorsichtig abtropfen und dann noch auf einem sauberen Küchentuch trocknen lassen.
2. In einem tiefen Teller alle anderen Zutaten gut verrühren. Achtung! Zu langes Rühren macht den Teig zäh. Der Teig sollte relativ dickflüssig, aber ja kein Pizzateig sein.
3. Eine Pfanne mit Bratöl (ca. 1 cm hoch) erhitzen. Die Dolden durch den Teig ziehen und dann gleich im heißen Öl von beiden Seiten goldbraun backen.
4. Die gebackenen Blumen auf einen Teller mit Küchenpapier legen, damit dieses das überschüssige Öl aufsaugt.
5. Die gebackenen Akazien schmecken köstlich, wenn sie noch lauwarm sind.

Tipp:

★ In diesem Buch gibt es absichtlich kaum Bilder von den fertigen Gerichten, damit du deine eigene Kreation ohne Vorgabe machen kannst.

Es gibt vielfältige Möglichkeiten, ein Gericht zu präsentieren. Vergiss nicht: Kochen ist die älteste bildende Kunst und jeder Koch ist ein Künstler. Lass deiner Fantasie freien Lauf und kreiere deine eigenen Kompositionen.

KOMBINATION

SCHNECKEN AUS MÜRBTEIG UND GEMÜSECREME

Erdbeer Mousse

Zutaten für
4 Portionen:

240 ml Aquafaba
(= das Abtropfwasser
einer Dose Kichererbsen)

150 g frische Erdbeeren

1 TL Süßmittel,
z. B. Reissirup
(nach Belieben)

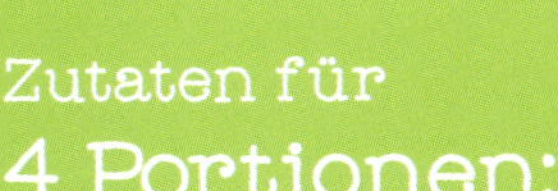

1. Aquafaba mit einem Schlagmixer so lange schlagen, bis ein cremiger Schaum entsteht (ca. 3 Minuten).
2. Erdbeeren waschen und die grünen Blätter entfernen.
3. Erdbeeren mixen, bis ein Püree entsteht, und die geschlagene Aquafaba dazugeben und vorsichtig rühren.
4. Eine Stunde im Kühlschrank aufbewahren und dann servieren. Du kannst das Erdbeermousse schon portioniert in den Kühlschrank stellen.

Gebratener Rhabarber

mit Löwenzahnsirup

Tipp:

- Wenn dir eine Zutat nicht schmeckt, dann probiere diese auf eine andere Art zuzubereiten oder zu kombinieren.

  Könntest du dir vorstellen, Gnocchi zum Beispiel mit Rhabarberstücken zu essen? Oder eine Suppe mit dünnen Rhabarberscheiben als Dekoration zu genießen?

Zutaten für
4 Portionen:

3 lange Stiele Rhabarber

ein wenig Zimt

ein wenig Pfeffer

Olivenöl

einige EL Löwenzahnsirup

Zutaten für Löwenzahnsirup:

10 Minuten Vorbereitung
30 Minuten Garzeit
12 Stunden Ruhezeit

3 Handvoll Löwenzahnblüten

1 l Wasser

200 g Birkenzucker

Saft von ½ Zitrone

1. Löwenzahnblüten gründlich waschen und alle grünen Teile entfernen.
2. Die Blüten in einem Topf mit Wasser ca. 2 Stunden ziehen lassen. Dann zum Kochen bringen und wieder ziehen lassen (am besten über Nacht).
3. Einen Tag danach die Blumen abseihen, gut ausdrücken und den Zucker zugeben. Kurz zum Kochen bringen und lange auf kleiner Flamme halten, damit die Flüssigkeit dicker wird. Es kann etwas länger dauern, aber es ist wichtig, damit der Sirup im Glas nicht zu schnell kristallisiert.
4. Zum Schluss Zitronensaft dazugeben.
5. Rhabarberstiele schälen und in ca. 10 cm lange Stücke schneiden.
6. In einer geölten Pfanne sehr kurz braten und gleich servieren.
7. Auf die noch warmen Rhabarberstücke etwas Zimt und Pfeffer geben und ca. 2 EL Löwenzahnsirup pro Rhabarberstück draufgießen.

Wenn es draußen richtig warm wird, sind leichte Sommergerichte genau das Richtige.

SOMMER

Ein gutes Rezept soll in dieser Jahreszeit einfach, vielfältig und sättigend sein und dich mit viel Flüssigkeit versorgen.

REZEPTE

ANTIPASTI, SNACKS, SUPPEN

HAUPTGERICHTE

BEILAGEN

DESSERTS

Club Sandwich

kunterbunt

- ★ Wenn der untere Teil der Paprikaschote (der Teil, auf dem sie steht) in vier Rundungen geteilt ist, ist die Paprika weiblich, schmeckt süß und kann sehr gut roh verspeist werden. Wenn der untere Teil in drei Rundungen geteilt ist, dann ist die Paprika männlich, schmeckt zwar auch sehr gut, ist aber nicht so süß wie die weibliche.
- ★ Paprikaschoten sollten nicht im Kühlschrank aufbewahrt werden und sollten am besten roh gegessen werden, da sie reich an Vitamin C sind, das bei Hitze nur reduziert verfügbar ist.

Zutaten für
8 Club Sandwiches:

8 Scheiben Vollkorn-Toastbrot

100 g Austernpilze

1 rote Paprikaschote (eine weibliche, siehe die Tipps zu diesem Rezept)

1 TL frischer Thymian

150 g Humus

4 getrocknete Tomaten

8 Kirschtomaten

4 Salatblätter (groß wie deine Hand)

Salz und Pfeffer

3 TL Olivenöl

1. Die Scheiben Toastbrot in einer Pfanne mit wenig Öl braten oder in einem Toaster toasten (sie sollen aber nicht zu dunkel werden).
2. Pilze mit einem Küchenpapier abputzen und der Länge nach schneiden. Paprika in Scheiben oder Spalten schneiden. Pilze und Paprika in einer Schüssel mit Salz, Pfeffer, 1 TL Öl und Thymian vermengen.
3. Etwas Öl in einer Pfanne erhitzen und das Gemüse dazugeben. Das Gemüse bei mittlerer Hitze 4 bis 5 Minuten lang braten lassen. Zwischendurch umrühren.
4. In einem Stabmixerbecher oder etwas Ähnlichem Humus und kleingeschnittene getrocknete Tomaten gut pürieren.
5. Die Brotscheiben auf jeweils einer Seite mit der Tomaten-Humus-Creme bestreichen und mit dem Salat, Kirschtomaten und dem gebratenen Gemüse belegen. Jeweils zwei Scheiben aufeinanderlegen und andrücken. Danach in Dreiecke schneiden. Mit dem restlichen Brot genauso verfahren. Fixieren kannst du das Brot mit Zahnstochern. Auf diese Weise halten die Dreiecke besser zusammen.

Party-Kichererbsen

1. Kichererbsen aus der Dose abtropfen und gut waschen. Lege die Kichererbsen auf einem Küchentuch aus und versuche sie vorsichtig so gut wie möglich abzutrocknen. Wenn sie gut getrocknet sind, dann schmecken sie am Ende richtig knusprig.
2. Kichererbsen in eine Schüssel geben und mit den anderen Zutaten gut verrühren.
3. Den Backofen auf 200 °C vorheizen, eine Backform mit Backpapier abdecken und die Kichererbsen schön getrennt voneinander auflegen. Sie sollten sich nicht zu stark berühren. Zunächst 30 bis 40 Minuten backen lassen. Dabei von Zeit zu Zeit das Blech schütteln, damit die Kichererbsen gleichmäßig verteilt knusprig werden. Wenn sie nach 40 Minuten noch nicht knusprig genug sind, dann backe sie weitere 5 bis 10 Minuten.

Zutaten für 4 Personen:

200 g Kichererbsen (können auch vorgekocht aus der Dose sein)

1 EL griffiges Mehl

1 EL Olivenöl

1 TL edelsüßes Paprikapulver

1 EL fein geschnittener Rosmarin

Salz

Tipp:

★ Ist dir aufgefallen, dass die größten Tiere der Erde wie Elefanten, Nashörner, Gorillas, Giraffen, Kühe, Kamele, Tapire, Pferde etc. alle Pflanzenfresser sind? Kann das heißen, dass Pflanzen und Früchte viel „Power" schenken und stark machen? Welches Tier kennst du noch, das gerne Pflanzen isst?

KOMBINATION

GNOCCHI AUS KICHERERBSEN MIT SALBEIBLÄTTERN

Tipp:

★ Solltest du gerne schwarze Oliven essen, gebe ich dir einen kleinen Warnhinweis. Schwarze Oliven sind in Wirklichkeit oft nichts anderes als grüne Oliven, die mithilfe von Chemie (durch Eisengluconat) geschwärzt werden. Schau auf die Zutatenliste: Wenn du die Zahlenkombinationen E 579 oder E 585 siehst, dann sind die Oliven gefärbt. Ein Tipp: Die Oliven werden nie so dunkel und einheitlich schwarz. Die natürlichen schwarzen Oliven sind teilweise auch dunkelbraun. Ich empfehle, die Bio-Oliven Kalamata zu kaufen, diese sind von Natur aus schwarz.

KOMBINATION

SÜSSES UND SALZIGES IN WASSERMELONE

Picknick: Insalata di Riso

Zutaten für
4 Personen:

300 g Haferkörner

beliebige Gemüsearten, die du gerne isst
(z. B. 1 Zucchini, 1 Karotte, Erbsen)

schwarze Oliven

Kapern
(in Salz oder Essig eingelegt)

eingelegte Artischocken

eingelegte Pilze

beliebige Kräuter, die du gerne hast
(z. B. Schnittlauch Basilikumblätter)

Kurkuma

3 EL Apfelessig

3 EL Olivenöl

Salz

Pfeffer (nach Belieben)

1. Die Haferkörner in dreimal so viel Wasser etwa 30 Minuten lang kochen lassen. Wenn sie gekocht sind, abtropfen, unter fließendem Wasser abkühlen und in eine Schüssel geben.
2. Das Gemüse waschen und schneiden, die Kapern, Artischoken und Pilze zerkleinern. Versuche wirklich, eine bunte Mischung aus deinem Lieblingsgemüse zusammenzustellen.
3. Deine Lieblingskräuter fein schneiden und gemeinsam mit Salz, Kurkuma, Olivenöl und Apfelessig in die Schüssel mit den Haferkörnern geben und schön durchmischen.
4. Deine Insalata di Riso für 20 bis 30 Minuten in den Kühlschrank stellen und anschließend kalt servieren.

Tipp:

- Weißt du, was Couscous ist bzw. woraus er besteht? Üblicherweise aus Weizen! Er wird zuerst im Ganzen zu Grieß verarbeitet. Der Hartweizengrieß wird dann mit Salzwasser benetzt und noch im feuchten Zustand zu kleinen Kügelchen zerrieben. Couscous ist nämlich ein arabisches Wort für „zerreiben" oder „zerstoßen". Traditionell wird diese Arbeit mit der Hand gemacht und die kleinen Körnchen werden in der Sonne getrocknet. Heute wird diese Arbeit maschinell erledigt. Couscous findet man auch aus Kichererbsen, Hirse oder Gerste.

Couscous mit Gartenboten

Zutaten für
4 Personen:

250 g Couscous

1 TL geschrotete Leinsamen

500 ml heißes Wasser

Saft von 1 frischen Zitrone

½ TL Kurkuma

frische Kräuter deiner Wahl
(Probiere vielleicht: Petersilie, Minze, Salbei, Oregano, Thymian)

Salz, Pfeffer

3 EL Olivenöl

1 EL Leinöl

1. Couscous, geschrotete Leinsamen, Salz und Kurkuma in eine Schüssel geben, mit zuvor erhitztem, heißem Wasser übergießen und 5 bis 10 Minuten quellen lassen.
2. Wenn der Couscous etwas klebrig geworden ist und sich das Volumen verdoppelt hat, dann Öle, Salz und Pfeffer sowie Zitronensaft dazugeben und rühren.
3. Deine Lieblingskräuter waschen, fein hacken und zum Couscous geben und verrühren.
4. Du kannst dein Couscous gleich servieren oder 30 Minuten im Kühlschrank kühlen lassen.

Spätzle

mit geriebener Nuss-Mix-Cashewcreme

Tipp:

★ Schon wieder ein Gericht mit nur zwei Hauptzutaten, und zwar mit Wasser und Mehl. Finde heraus, ob noch weitere solche Gerichte in diesem Buch zu entdecken sind.

Zutaten für
4 Personen:

450 g Buchweizenmehl

½ TL Kurkuma

Salz

Pfeffer (nach Belieben)

300 ml Wasser

150 ml Hafermilch

2 Handvoll Cashewnüsse

1 Handvoll Nuss-Mix

3–4 EL Olivenöl

1. Buchweizenmehl, Kurkuma, Salz und eventuell Pfeffer in eine Schüssel geben und langsam Hafermilch und Wasser dazugießen. Mit dem Rührgerät zu einer glatten Masse verrühren. Der Teig soll relativ flüssig bis klebrig sein.
2. Ca. 15 Minuten stehen lassen, anschließend nochmals kurz durchrühren.
3. Inzwischen in einem großen Topf Wasser zum Kochen bringen. Währenddessen die Cashewnüsse in lauwarmem Wasser 10 Minuten einweichen lassen. Danach abtropfen lassen und mit einem Mixer schön pürieren. Die anderen Nüsse einfach mit einem Stabmixer grob mixen.
4. Den Spätzlehobel oder die Spätzlepresse mit Teig füllen und die Spätzle ins Wasser hobeln bzw. drücken. Alternativ: Verteile etwas Teig auf der Länge eines Küchenbretts und schneide ihn mit einem Messer in kleine Stücke, die du ins leicht wallende Wasser fallen lässt.
5. Wenn die Spätzle an der Oberfläche schwimmen (nach ca. 2 Minuten), diese mit einem Schaumlöffel oder einem Sieb abschöpfen und weiteren Teig ins Wasser tropfen lassen, bis alles aufgebraucht ist. Die abgeschöpften Spätzle etwas abtropfen lassen und sie dann in einer Schüssel mit Olivenöl, Salz und der Cashewcreme vermengen.
6. Die Spätzle mit den grob geriebenen Nüssen bestreuen und servieren.

Zutaten für
4 Personen:

1 Dose gekochte Kichererbsen
(ca. 300 g siehe Extrainfo zu diesem Rezept)

ca. 250 g Weizenmehl
(und etwas Mehl zum Bestreuen der Arbeitsfläche)

½ TL Kurkuma

5 EL Olivenöl

10 Salbeiblätter

½ TL Salz, Pfeffer
(nach Belieben)

1. Die Kichererbsen abtropfen lassen, gut waschen und mit einem Stabmixer pürieren.
2. Das Mehl, Kurkuma, Salz und eventuell ein wenig Pfeffer hinzufügen und zuerst mit einem Löffel und dann mit deinen Händen den Teig verrühren, bis er nicht mehr klebrig ist. Der Teig soll aber nicht zu hart werden.
3. Mit der Hand einen Teil des Teiges nehmen und diesen auf einer bemehlten Arbeitsfläche einrollen, um lange Teigschlangen zu formen.
4. De Teigschlangen in kleine Stückchen (ca. 1 cm) schneiden und die fertigen Gnocchi auf ein bemehltes Brett oder Tablett legen.
5. Gesalzenes Wasser in einem großen Topf zum Kochen bringen. Dann die Gnocchi hineingeben. Sie sind gar, wenn sie nach oben steigen. Die Kichererbsen-Gnocchi mit einem Schaumlöffel aus dem Topf nehmen und gleich in eine Pfanne mit Olivenöl und Salbeiblättern legen.

KOMBINATION

PARTY-KICHERERBSEN

Gnocchi aus Kichererbsen

mit Salbeiblättern

Tipp:

★ Du solltest das Wasser der gekochten Kichererbsen lieber nicht wegwerfen. Dieses heißt Aquafaba und hat die Besonderheit, dass es wie fester Schaum geschlagen werden kann. Damit kann man eine Mousse aus Schokolade oder aus Beerenpüree zubereiten. Das schmeckt so gut! Probiere es aus, das Rezept ist auch in diesem Buch zu finden.

Tipp:

★ Bohnen und Mais, eine hervorragende Kombination! Sie schmecken gut und du tust etwas Gutes für deinen Körper. Weil die Bohnen schnell sättigen, nicht dick machen und vor allem sehr viel Kraft schenken, waren sie das Hauptessen der Cowboys. Sie haben sie am liebsten in einem deftigen Bohneneintopf verzehrt, der zwei überraschende Zutaten hatte: Ahornsirup und Kaffee. Da könnte man ihn ja genauso gut zum Beispiel mit einem Smoothie aus weißen Bohnen und Beeren kombinieren, oder? Schau in diesem Buch nach, dann wirst du dieses Rezept entdecken.

Mais-Bohnen
Croûtons-Salat

ZUBEREITUNGSZEIT: 10 MIN

Zutaten für
4 Personen:

300 g Bohnen deiner Wahl

200 g Mais

2–3 Brotscheiben

1 TL Paprikapulver

1 EL Apfelessig

3 EL Rapsöl

2 EL gehackte Petersilie

Salz, Pfeffer

1. Maiskolben 5 Minuten dampfgaren oder Bio-Mais aus der Dose gründlich unter fließendem Wasser spülen und in eine Schüssel geben. Achtung! Den Mais in ungesalzenem Wasser kochen, denn wenn du das Kochwasser salzt, werden die Körner hart.
2. Bohnen 12 Stunden einweichen und dann 30 Minuten kochen oder diese Arbeit für größere Mengen machen und die Bohnen dann im Kühlschrank aufbewahren. Sie halten sehr lange. Oder, wenn es schnell gehen muss, Bohnen aus der Dose waschen und in eine Schüssel mit Mais geben.
3. Brotscheiben in einer Pfanne anbraten und in Würfel schneiden. Diese mit Paprikapulver, Salz und Pfeffer gut vermischen und in die Schüssel zu den Bohnen und zum Mais geben.
4. Petersilie hacken und in die Schüssel mit den anderen Zutaten streuen. Schließlich mit Rapsöl und Apfelessig marinieren und gut umrühren.

Tipps:

- Diese Creme schmeckt sehr gut auch mit rohen Paprikaschoten. Du könntest eine Paprika in vier oder fünf lange Scheiben schneiden und mit Linsenaufstrich befüllen. Noch ein gebasteltes Papiersegel dazu und du hast Schiffe auf dem Tisch!
- Kann man den Geschmack spüren, wenn man sich die Nase zuhält? Probiere es einfach: Halte die Nase von einem Elternteil oder von einer Freundin oder einem Freund zu und verbinde ihnen auch die Augen. Nun schneide ein Stück Zwiebel und ein geschältes Stück Apfel. Mal schauen, ob der Geschmacksunterschied so leicht zu erkennen ist! Natürlich kannst du das Gleiche auch mit dir selbst machen. Verbinde dir die Augen und halte dir die Nase zu, nachdem du auf zwei Tellern die zwei Kostproben mit unterschiedlichem Geschmack aufbereitet hast. Schiebe dann die Teller einige Male hin und her, damit du nicht mehr weißt, wo die geschnittenen Zwiebeln und wo die Äpfel sind, und dann probiere.

ZUBEREITUNGSZEIT:
30 MIN

Linsen Aufstrich

Zutaten für 12 Portionen:

1 Zwiebel

300 g rote Linsen

1 EL Olivenöl

2 EL natives Rapsöl

1 TL Kurkuma

½ TL Kümmel (Pulver)

½ TL Fenchelsamen

Salz, Pfeffer

Walnüsse (nach Belieben)

1 TL Petersilie

1. Zwiebel schälen, würfeln in einer Pfanne mit Olivenöl anbraten.
2. Trockene Linsen in einem Sieb unter fließendem Wasser gut abspülen, in die Pfanne geben und kurz mitbraten.
3. Mit Wasser ablöschen und ca. 15 Minuten bei mittlerer Hitze garkochen. Inzwischen Kurkuma, Kümmel, Fenchelsamen, Salz und Pfeffer dazugeben.
4. Wenn die Linsen zerkocht sind, sind sie auch fertig. Wenn zu viel Wasser verblieben ist, hilf dir mit einem Sieb und lass die Linsen danach etwas abkühlen.
5. Linsen mit einem Stabmixer pürieren und Rapsöl und gehackte Petersilie dazugeben. Wenn die Brötchen mit diesem Linsenaufstrich bestrichen sind, kannst du sie noch mit Walnüssen dekorieren. Die Kombination schmeckt richtig gut.

Pancake

pikant

Zutaten für
6 Stück:

250 g Buchweizenmehl

200 ml Hafermilch

200 ml Mineralwasser

½ TL Backpulver

5 Basilikumblätter

1 EL Sesamsamen

Gemüse deiner Wahl

3 EL Olivenöl

Pfeffer

ein paar Tropfen Tabasco
(nach Belieben)

1. In einer Schüssel Buchweizenmehl, Hafermilch, Mineralwasser und Backpulver mit dem Schneebesen zu einem glatten Teig verrühren. Den Teig ein paar Minuten stehen lassen.
2. Inzwischen das gewählte Gemüse waschen und schneiden, dann in einer Pfanne mit Olivenöl schonend anbraten. Wenn das Gemüse weich geworden ist, füge Salz, Pfeffer, ein paar Tropfen Tabasco, Sesamsamen und Basilikumblätter hinzu und verrühre alles mit einem Standmixer.
3. Nun der Pancake: Eine Pfanne mit etwas Öl kurz erhitzen, dann einen Suppenlöffel voll mit Teig in die Mitte der Pfanne geben und den Teig sorgfältig nach außen verteilen. Den Pfannkuchen nach 1 bis 2 Minuten mit einer Scheibe wenden und ihn auf beiden Seiten goldbraun backen. Auf dieselbe Art weitere Pfannkuchen backen, bis der Teig aufgebraucht ist. Die Pfannkuchen können bei geringer Hitze in den Backofen gestellt werden, um sie warm zu halten.
4. Das Gemüsepüree auf den Pancake legen und einmal falten. Nach Belieben mit ein paar frischen Kräutern verzieren.

Tipp:

★ Achtung scharf! Ja, es kann passieren, dass es doch zu viel Tabasco war oder dass diese Paprika doch ein scharfer Chili war, und schon brennt es im Mund höllisch. Weißt du, wie man „das Feuer" am besten „löscht"? Was würdest du wählen:

a) ein Glas kaltes Wasser
b) einen Teelöffel Kokosraspel

Probiere es selbst!

Tipp:

★ Lass dich nicht von den Bildern verführen, die du in Kochbüchern oder im Internet findest: Schlagobers fest und weiß wie die Spitze eines Berges, Kartoffeln perfekt gebraten, Gelatine mit wunderbarem Glanz usw. Das ist nicht immer echt. Oft verwenden die Fotografen Tricks, um alles perfekt aussehen zu lassen, zum Beispiel Rasierschaum anstatt Schlagobers, gesprühtes Öl für den Glanz, Farbmittel für die perfekte Bräune des Bratens. Was du gerade kreierst, ist hingegen wahrhaftig!

Beeren Mousse

Zutaten für
8 Portionen:

240 ml Aquafaba
(Dosenwasser von Hülsenfrüchten)

140 g Brombeeren

SPÄTZLE MIT GERIEBENER NUSS-MIX-CASHEWCREME

1. Brombeeren waschen und fein pürieren.
2. Aquafaba schlagen, bis ein fester Schaum entsteht (das dauert einige Minuten).
3. Die pürierten Brombeeren langsam und vorsichtig mit dem Schaum zusammenmischen, am besten mit einem Löffel mit der Bewegung von unten nach oben.
4. Die Mousse in Gläser füllen und 2 bis 3 Stunden im Kühlschrank ruhen lassen.
5. Mit Brombeeren dekorieren und kalt servieren.

Süßes und Salziges in Wassermelone

Tipp:

★ Weißt du, dass man von der Wassermelone auch die Schale essen kann? Die Wassermelone soll übrigens immer mit einem natürlichen Spülmittel und einem rauen Schwamm gewaschen werden. So gehst du sicher, dass der Schmutz der Schale beim Schneiden nicht in die Wassermelone eindringt. Dann kannst du die grüne Schale in Würfel schneiden und mit ein wenig Öl, Salz und Pfeffer (und vielleicht mit einer gebratenen Zwiebel) fünf Minuten in der Pfanne anbraten. Probiere es, um es zu glauben! 😉

Zutaten für
1/2 Wassermelone:

1 Wassermelone

1 Gurke

500 ml Mandeljoghurt

1 Handvoll Mandeln

1 EL Olivenöl

½ TL Salz

6 Minzblätter

KOMBINATION

INSALATA DI RISO

1. Die Oberfläche einer kalten Wassermelone mit einem Schwamm waschen (siehe Extrainfo zu diesem Rezept). Die Melone halbieren und grob mithilfe eines Löffels entleeren, ohne dabei zu viel Fruchtfleisch abzutragen. Das trotzdem entfernte Fruchtfleisch soll in einem kühlen Ort, zum Beispiel für ein Getränk, aufbewahrt werden.

2. Eine kalte Gurke waschen und beliebig (in Würfel oder in Scheiben) schneiden, anschließend mit dem kalten Joghurt in die Wassermelone geben.

3. Die Mandeln mit Salz ein paar Minuten in einer Pfanne anbraten. Sobald sie eine schöne Farbe bekommen haben und das Salz daraufklebt, lege sie in die Wassermelone und rühre alle Zutaten gut zusammen.

4. Die Wassermelone mit Minze dekorieren und direkt mit dem Löffel essen. Wenn du einzelne Portionen servieren möchtest, dann achte darauf, dass ausreichend Fruchtfleisch dabei ist.

Tipp:

★ Du hast bestimmt Freudinnen oder Freunde, die aus einem anderen Land kommen oder deren Eltern woanders aufgewachsen sind. Frage sie einfach, ob sie dieses Gericht auch essen und wenn ja, in welcher Form. Oft entdeckt man Gewürze, Kräuter und Zutaten, von denen man noch nie gehört hat und die so gut schmecken. Kennst du eigentlich Kardamom?

KOMBINATION

LINSENAUFSTRICH

Hirsepuddingturm

250 g Hirse

1 EL geschrotete Leinsamen

½ l Wasser

½ l Reismilch

Beeren deiner Wahl

1 Prise Salz

Kardamom (Pulver)

1. Die Hirse ca. 20 Minuten in einer Mischung aus Wasser, geschroteten Leinsamen und Reismilch kochen.
2. Wenn die Hirse zu klebrig wird, kannst du sie grob mit dem Mixer pürieren. Sollte die Hirse zu flüssig sein, dann tropfe sie vor dem Mixen in ein Sieb. Die Masse dann in Becher portionieren (am besten in Bio-Plastik) und 1 Stunde im Kühlschrank kühlen.
3. Beeren waschen und fein pürieren.
4. Einen Becher aus dem Kühlschrank nehmen und auf einem Teller umdrehen. Dann die Hirsemasse vorsichtig mit etwas Druck herausdrücken und ein wenig vom Beerenpüree draufgießen. Das Gleiche mit jedem Becher wiederholen. Du könntest auch jeden Hirsepuddingturm mit einer Prise geriebenem Kardamom verzieren.

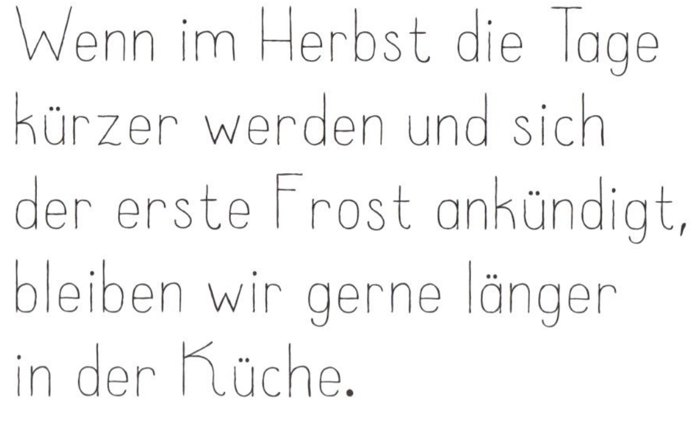

Wenn im Herbst die Tage kürzer werden und sich der erste Frost ankündigt, bleiben wir gerne länger in der Küche.

HERBST

Wir zaubern und experimentieren zur Erntezeit mit Herbstgemüse und Obst zur Erfüllung aller kulinarischen Wünsche!

REZEPTE

ANTIPASTI, SNACKS, SUPPEN

HAUPTGERICHTE

BEILAGEN

DESSERTS

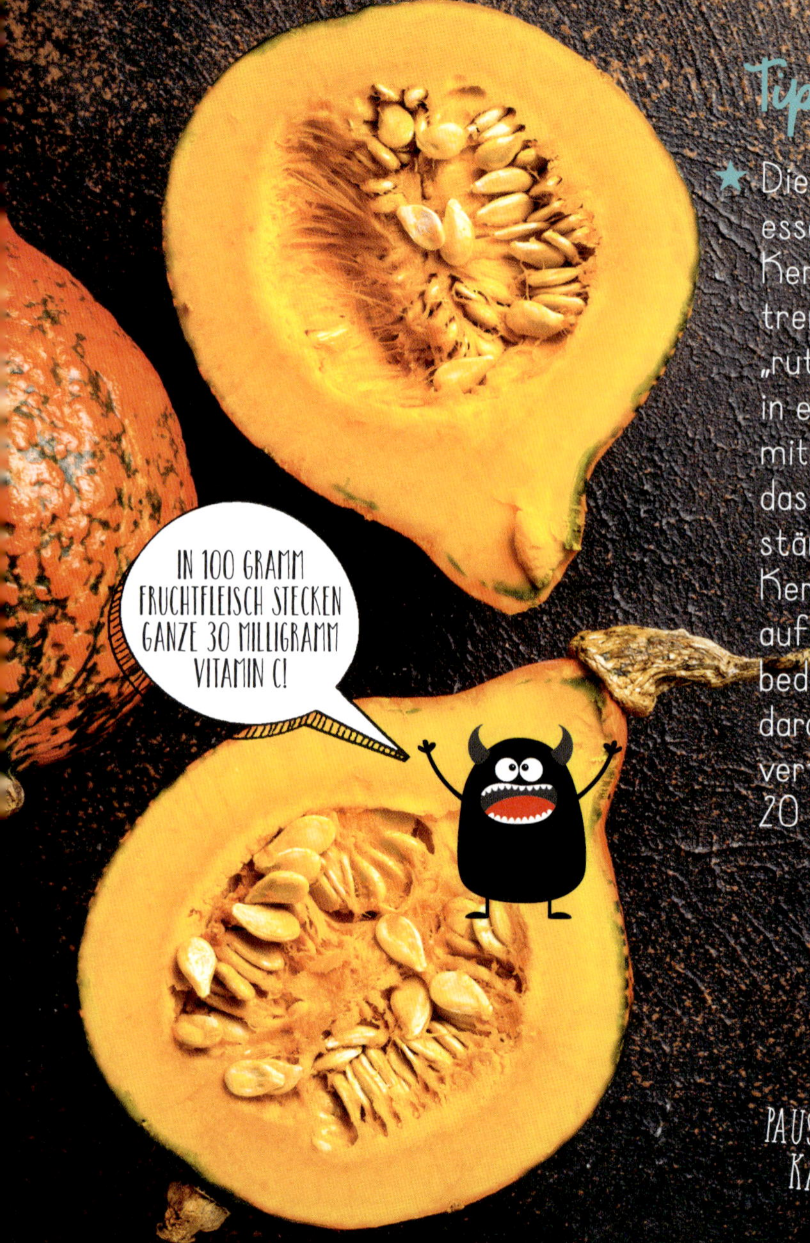
IN 100 GRAMM FRUCHTFLEISCH STECKEN GANZE 30 MILLIGRAMM VITAMIN C!

Tipp:

★ Die Kürbiskerne kann man essen. Du solltest nur die Kerne vom Fruchtfleisch trennen, sie sind sehr „rutschig". Lege de Kerne in ein Sieb und reinige sie mit Wasser, sodass sich das Fruchtfleisch vollständig ablöst. Trockne die Kerne ab und verteile sie auf einem mit Backpapier bedeckten Backblech. Achte darauf, dass die Kerne gut verteilt sind, und backe sie 20 Minuten. Das war's.

KOMBINATION

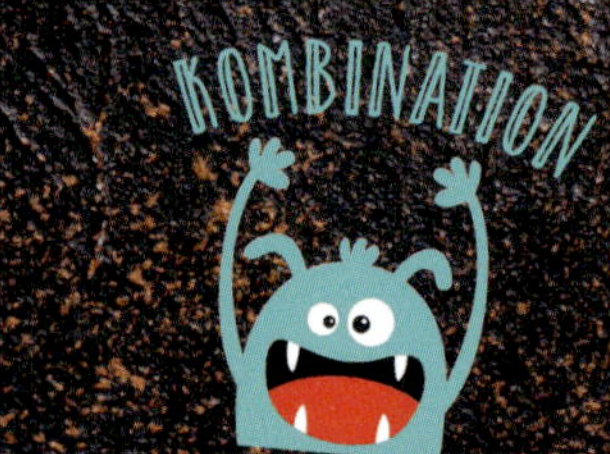

PAUSEN-POWER: SPIESSE AUS KARTOFFELN UND PILZEN

Halloween Brötchen

Zutaten für 10 Brötchen:

1 kleiner Hokkaido-Kürbis (ca. 250 g)

250 g Kürbispüree

500 g Buchweizenmehl

4 große entkernte Datteln

1 Päckchen Trockenhefe

50 g Kürbiskerne

2 EL Olivenöl

200–300 ml lauwarmes Wasser

Salz

1. Den Hokkaido-Kürbis sorgfältig mit einem Schwamm reinigen. Den Kürbis dann in gröbere Stücke schneiden (er ist sehr hart, lass dir eventuell ein wenig helfen) und die Kerne entfernen (siehe Extrainfo zu diesem Rezept). Die Kürbisstücke in einem Topf mit wenig Wasser weich werden lassen (15 bis 20 Minuten). Anschließend den weichgekochten Kürbis in eine Schüssel mit den Datteln geben und fein pürieren.
2. Mehl, Salz, Kürbiskerne und Trockenhefe in eine Schüssel geben und vermischen.
3. Das Kürbispüree, Öl und das Wasser hinzufügen und mit den Händen zu einem glatten geschmeidigen Teig kneten.
4. Die Schüssel mit einem Tuch oder Deckel abdecken und 1 bis 2 Stunden an einem warmen Ort stehen lassen.
5. Den Teig mit etwas Mehl auf der Arbeitsfläche ausrollen und in 10 Teile teilen. Jeden Teil zu einem Brötchen formen und mit einem Messer kreuzförmig einritzen. Ein Blech mit Backpapier belegen und die Brötchen mit 3 bis 4 cm Abstand darauflegen. Dann im vorgeheizten Backofen bei 190 °C ca. 12 bis 15 Minuten goldbraun backen.

Zutaten für
4 Personen:

1 Zwiebel

1 Knoblauchzehe

600 g Karotten

Saft von 1 Orange

200 ml Hafermilch

600 ml Wasser

1 TL Salz

½ TL Pfeffer

½ TL Kurkuma

3 EL Olivenöl

Zutaten für
die Sesam-Grissini:

1 Blatt Mürbteig

3 EL Sesamsamen

1. Zwiebel und Knoblauch hacken und in einem Topf sanft braten.
2. Die Karotten waschen (nicht schälen), grob würfeln und dazugeben. Etwa 5 Minuten mit anbraten.
3. Mit Wasser und Hafermilch ablöschen und 10 Minuten köcheln lassen, bis die Karotten weichgekocht sind.
4. Zum Schluss Orangensaft, Salz, Pfeffer, Kurkuma und Olivenöl hinzufügen und alles mit einem Stabmixer cremig mixen.
5. Den Mürbteig in 2 cm breite Streifen schneiden und mit Wasser leicht anfeuchten. Sesamsamen auf dem Teig zerstreuen und die Streifen sachte wenden.
6. Die gewendeten Streifen auf einem mit Backpapier bedeckten Backblech mit 1 cm Abstand voneinander auflegen und 15 Minuten backen, bis sie goldbraun werden.
7. Die Suppe zusammen mit ein paar knusprigen Grissini servieren.

Karottensuppe

mit Sesam-Grissini

Tipps:

★ Wusstest du, dass die Karotten in der Vergangenheit „schmutzig", und zwar eingehüllt in Erde oder Lehm, verkauft wurden? Die Erde sah man als natürliche Schutzsicht der Karotten an, da sie ja schließlich nichts anderes als Wurzeln sind und sich deshalb unter der Erde am wohlsten fühlen. Leider werden sie heutzutage sehr sauber verkauft. So sind sie aber auch sehr empfindlich und werden, wenn sie lange im Kühlschrank bleiben, eigenartig weich. Sie bekommen schwarze Flecken und sind nicht mehr genießbar. Die Karotten gehören jedenfalls nicht unbedingt „geschält", da sie keine Schale haben und weil sich auf der Oberfläche sehr viele wichtige Substanzen (Vitamine, Mineralstoffe, Ballaststoffe) befinden.

★ Wusstest du, dass sich die Milch der Kühe rosa färbt, wenn sie zu viele Karotten essen?

KOMBINATION

GEMÜSEPUFFER MIT JOGHURT-DIP

Maki kunterbunt

Zutaten für
4 Personen:

250 g Sushi-Reis

400 ml Wasser

200 g Kürbis

1 Birne

½ TL Zimt

3 EL Sesamsamen

Salz

1. Sushi-Reis sorgfältig in kaltem Wasser waschen und spülen. Dann in einen Topf mit Wasser (ca. 400 ml) geben und zum Kochen bringen. Reis 10 Minuten köcheln lassen, bis er das Wasser aufgenommen hat. Von der Hitze nehmen und auf Raumtemperatur abkühlen lassen.

2. Inzwischen Kürbis in kleine Würfel schneiden und kurz (ca. 6 Minuten) mit wenig Wasser kochen lassen, damit er weich wird. Danach salzen.

3. Die süße Birne waschen, in kleine Stücke schneiden und 3 Minuten in wenig Wasser kochen, damit sie weich wird. Das Wasser abgießen, sobald die Birnenstücke weich sind, und mit ½ TL Zimt bestreuen.

4. Nun zu den Makis: Eine Bambusmatte oder ein Tuch mit Wasser befeuchten und auch die Hände anfeuchten. Die Sesamsamen schön darauf verteilen und danach den Reis auf der Bambusmatte oder dem Tuch gut verteilen.

5. Die Kürbisstücke bis zur Hälfte der Bambusmatte auf den Reis legenund die andere Hälfte mit den Birnenstücken bedecken. Nun den Reis zu einem langen Rohr zusammenrollen. Zum Schluss das Rohr in mehrere Stücke schneiden.

Tipp:
Lebensmittelfarbe kann eine tolle Möglichkeit sein, um die Teller bunter zu machen. So könnten einmal blaue Brötchen oder rosa Kekse entstehen. Auch Reis lässt sich wunderbar färben. Probiere es einfach!

Tipp:

★ Wenn die Kartoffeln noch heiß sind, lege sie in eine Schüssel mit kaltem Wasser. Es ist dann leichter, sie zu schälen. Wenn die Kartoffeln keine „Heurigen" sind, also nicht mehr ganz jung sind, ist die Schale etwas dicker. In diesem Fall ist es ratsam, einen nicht zu tiefen Schnitt entlang des ganzen Durchmessers zu machen, bevor sie gekocht werden. So kannst du sie, sobald sie weich und heiß werden, im kalten Wasser kühlen und die Schalen durch leichten Druck auf die Kartoffeln von oben und unten problemlos entfernen.

KOMBINATION

KAROTTENSUPPE MIT SESAM-GRISSINI

Gemüsepuffer

mit Joghurt-Dip

ZUBEREITUNGSZEIT: 25 MIN

Zutaten für
4 Personen:

500 g Kartoffeln

1 Zwiebel

200 g Karotten

40 g Buchweizenmehl

100 g gesalzene Erdnüsse

Olivenöl

Pfeffer

Zutaten für
den Joghurt-Dip:

300 g Naturjoghurt

Saft von ½ Zitrone

Kräuter deiner Wahl
(z. B. Rosmarin)

1. Kartoffeln waschen und in Wasser ca. 20 Minuten weichkochen.
2. Zwiebel schälen, Karotten waschen und beide fein würfeln. Danach in einer geölten Pfanne das Gemüse ca. 3 Minuten dünsten und abkühlen lassen.
3. Kartoffeln abgießen, schälen (siehe Extrainfo zu diesem Rezept) und durch die Kartoffelpresse drücken. Danach mit dem Gemüse, dem Mehl und der Hälfte der grob gehackten Erdnüsse mischen. Mit Pfeffer abschmecken.
4. Aus der Mischung 8 Puffer formen und in einer beschichteten Pfanne mit ein wenig Öl erhitzen und die Puffer darin von jeder Seite ca. 6 Minuten braten.
5. Für den Dip Joghurt mit dem Zitronensaft, gehackten Kräutern und den restlichen Erdnüssen verrühren und würzen.

Kürbis-Süßkartoffel-Einkorn

mit Pistazien-Pinienkernen

Tipp:

★ Weißt du, dass in jeder guten Restaurantküche penible Ordnung herrscht? Wenn du kochst, versuche ein System zu schaffen, bei dem du genug Arbeitsfläche hast. Verwende nicht unbedingt zu viele Töpfe. Du könntest zum Beispiel alle Zutaten vorab herausnehmen und gleich portionieren. Wenn die Teller und Töpfe schmutzig sind, mache sie gleich nass, dann kannst du die Essensreste nachher viel leichter wegwaschen.

Zutaten für
4 Portionen:

300 g Einkorn

1 große Zwiebel

1 große Süßkartoffel
(ca. 200 g)

200 g Hokkaido-Kürbis

1 Knoblauchzehe

4 EL Olivenöl

2 EL Apfelessig

2 EL ungesalzene und geschälte Pistazien

2 EL Pinienkerne

6 Salbeiblätter

Salz und Pfeffer

1. Einkorn in doppelt so viel Wasser 20 bis 30 Minuten kochen lassen, bis es schön weich ist.
2. Inzwischen die Zwiebel und die Süßkartoffel schälen und in kleine Würfel schneiden. Den Hokkaido-Kürbis waschen und in Würfel schneiden.
3. Das gesamte Gemüse in einer geölten Pfanne mit einer geschälten Knoblauchzehe 4 Minuten anbraten und dann mit wenig Wasser 5 Minuten köcheln lassen, damit alles weich wird. Salz und Pfeffer dazugeben.
4. Salbei, Pistazien und Pinienkerne ca. 2 Minuten braten und auf die Seite stellen.
5. Einkorn mit dem Apfelessig und etwas Öl mit dem Gemüse in der Pfanne vermengen. Das Ganze ein paar Minuten umrühren und dann mit den gebratenen Salbeiblättern, Pistazien und Pinienkernen servieren.

Ptisane

das Gladiatorenessen

1. Zwiebel und Knoblauch hacken und in Olivenöl anbraten.
2. Gerste waschen und mit Zwiebeln und zwei Tassen Wasser 15 Minuten in der Pfanne kochen lassen.
3. Bohnen – wenn aus der Dose – abtropfen lassen, waschen und dann zur Gerste hinzugeben und nochmals ca. 10 Minuten kochen lassen. Mit Pfeffer und Salz verfeinern.

Zutaten für
4 Personen:

1 Tasse Gerstenkörner

1 Zwiebel

3 Knoblauchzehen

1 Tasse Bohnen
(beliebige Sorte, aus der Dose; über Nacht einweichen lassen)

Olivenöl

Pfeffer und Salz

Tipps:

★ Gladiatoren waren im Römischen Reich Superstars, die sich in der Arena einen Kampf auf Leben und Tod lieferten. Sie kämpften auch mit wilden Stieren und die Zuschauerinnen und Zuschauer hatten nach dem Kampf das Recht, über Leben und Tod zu entscheiden. Die Gladiatoren brauchten sehr viel Kraft, welche mit hartem Training und speziellem Essen gefördert wurde. Sie aßen grundsätzlich pflanzlich (Bohnen und Getreide) und wurden deswegen als „Gerstenfresser" verspottet.

★ Dieses Grundrezept kann natürlich je nach Geschmack erweitert werden, z.B. mit Karottenstückchen, Pilzen, Oliven.

Arepas
mit Gemüse und Creme

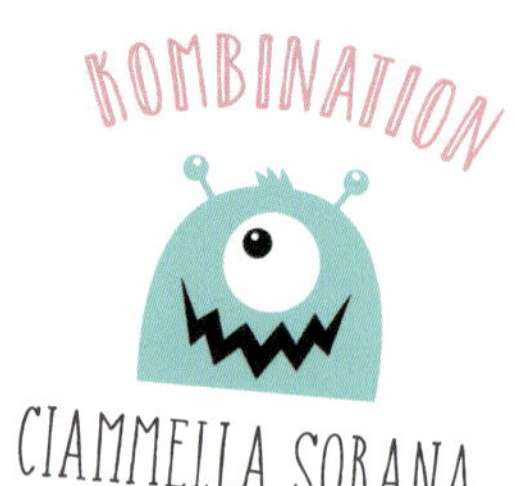

Tipp:

★ Was ist leicht und was ist schwer? Nicht alles, was viel wiegt, geht im Wasser unter. Wenn es so wäre, würden große Schiffe gar nicht existieren. Probiere es selber, Gemüse und Obst in einer mit Wasser gefüllten Schüssel zu waschen, und schau, was oben bleibt und was untergeht. Das wird dich überraschen!

1. Das Maismehl in eine Schüssel geben und mit einem ½ TL Salz vermengen. Nach und nach das Wasser hinzugeben, den Teig dabei gut verkneten, bis eine feste Masse entsteht. Anschließend muss der Arepas-Teig fünf Minuten ruhen.
2. Danach den Teig kneten und zu ca. 1 cm dicken und 6 cm breiten Laibchen formen. Eine beschichtete Pfanne mit etwas Öl erhitzen und die Arepas-Laibchen 4 bis 5 Minuten auf jeder Seite anbraten.
3. Gemüse deiner Wahl waschen und schneiden.
4. Für die Creme: Zwiebel hacken und in einer Pfanne anbraten. Danach die Erbsen, Salz und Pfeffer hinzufügen und 6 Minuten kochen lassen, eventuell ein wenig Wasser dazugeben. Wenn die Erbsen weich sind, püriere sie mit einem Stabmixer.
5. Nun kannst du die warmen Arepas, das geschnittene Gemüse und die Erbsencreme servieren. Die Arepas können beliebig aufgeschnitten und mit dem Gemüse und der Creme gefüllt werden.

Zutaten für
4 Personen:

Für die Arepas:

2 Tasse Harina Pan
(im Asia-Shop erhältlich)

2 ½ Tassen Wasser

1 TL Salz

Für die Creme:

Gemüse deiner Wahl

1 Zwiebel

50 g Erbsen

Olivenöl

Salz und Pfeffer

Tipp:

★ Wenn du zu diesem Rezept eine eigene Idee oder eine andere Variante überlegt hast, vergiss nicht, dir die Menge der Zutaten und die Art der Zubereitung zu notieren. Sollte es ein gelungenes Meisterstück werden, dann hast du alles dokumentiert und kannst es „mit verbundenen Augen" wiederholen!

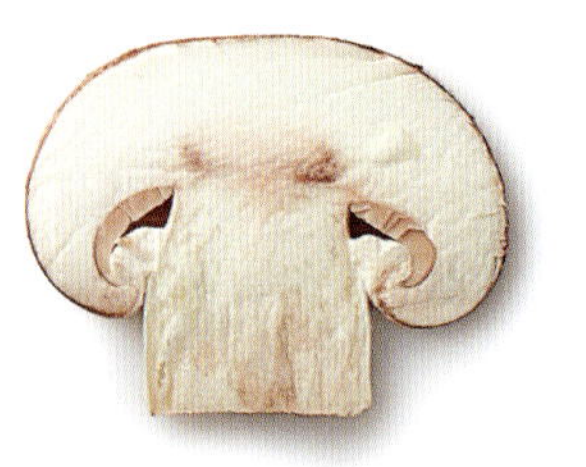

Pausen-Power

Spieße aus Kartoffeln und Pilzen

Zutaten für
4 Personen:

8 Stück mittelgroße Kartoffeln

16 Stück Champignons

3 EL Olivenöl

1 EL edelsüßes Paprikapulver

Salz und Pfeffer

1. Die Kartoffeln waschen und der Länge nach mit Holzspießen aufspießen. Anschließend in dünne Spiralen schneiden. Achtung: Du solltest beim Schneiden immer das Holz der Spieße spüren. Nimm dann jede einzelne Kartoffel zwischen die Finger und öffne sie. Die Kartoffeln sollen wie Federn aussehen.
2. An jedes Ende der Spieße eine vorher mit einem Küchenpapier geputzte Champignon stecken.
3. In einer Tasse das Paprikapulver, Salz, Pfeffer und Öl mischen und mit einem Pinsel jeden Spieß würzen.
4. Die Spieße bei 180 °C im Ofen braten, bis sie goldbraun sind.

Burrito mit Bohnen

Tipp:

★ Wenn der Salat zu lange im Kühlschrank bleibt, schaut er bald schlaff aus und wirkt unappetitlich. Es gibt aber einen Trick, damit der Salat nicht aus diesem Grund weggeworfen werden muss: Gib ihn in eine mit kaltem Wasser gefüllte Schüssel und lege ein paar Eiswürfel hinein. In einigen Minuten schauen die Salatblätter wie neu aus, weil sie das verlorene Wasser wieder aufgenommen haben. Ganz einfach, oder?!

Zutaten für
4 Personen:

350 g Buchweizen-mehl

160 ml warmes Wasser

1 TL Backpulver

60 ml Olivenöl

400 g rote Bohnen (entweder aus der Dose oder getrocknet)

6 Salatblätter

1 TL Sesamsamen

½ TL Kümmelpulver

1 Bund Petersilie

Salz und Pfeffer

1. Für die Tortillas der Burritos: Mehl, Backpulver, Salz gut mischen (alle trockenen Zutaten gehören immer zusammengemischt). Dann Öl und Wasser langsam dazugeben und dazwischen immer gut vermengen.
2. Auf einer Arbeitsfläche einige Minuten kneten und mit einem Geschirrtuch abdecken und 15 Minuten ruhen lassen.
3. Inzwischen Bohnen (wenn aus der Dose, dann abtropfen lassen und waschen) in einem Topf mit Salz, Pfeffer, Olivenöl, Sesamsamen und Kümmel mischen und wärmen. Danach mit einem Stabmixer alles grob mixen, sodass immer wieder auch ganze Bohnen verbleiben.
4. Petersilie waschen und fein hacken.
5. Zurück zu den Tortillas: Den Teig in 8 gleiche Stücke schneiden. Mit ein wenig Mehl eine Kugel formen, die du mit deiner Hand flachdrückst. Mithilfe eines Nudelholzes den Teig ganz dünn ausrollen.
6. Die Tortillas auf einer Pfanne mit ein wenig Olivenöl ca. 50 Sekunden pro Seite braten (wenn du braune Flecken siehst, ist es so weit).
7. Serviere die Burritos zum Beispiel so: Tortillas noch warm auf einer Seite mit Bohnencreme bestreichen, mit Blattsalat füllen und Petersilie darüberstreuen.

Tipp:

★ Die Küche ist die Welt der Gerüche. Ist dir aufgefallen, wie der Duft der Zutaten sich durch das Kochen verändert? Nimm einen frischen Apfel, halbiere ihn und rieche daran. Nun koche ihn und rieche noch einmal. Das ist nicht mehr der gleiche Duft, oder? Probiere es auch mit einer Zwiebel oder mit Knoblauch oder Tomaten etc. Mittlerweile hat auch unsere Crostata einen besonderen Duft im Raum hinterlassen. Kannst du den Kuchen schon riechen?

Andrea ist mein Neffe (in Italien ist Andrea ein männlicher Name). Er ist knapp über sechs Jahre, hat gerade Lesen gelernt und hat mir diese Crostata zubereitet und das Rezept aufgeschrieben. Ich bin echt stolz auf ihn!

La Crostata di Andrea

ZUBEREITUNGSZEIT:
20 MIN

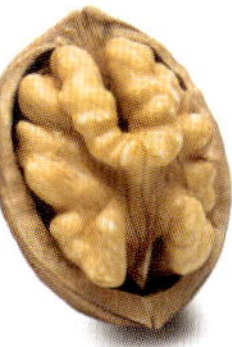

Zutaten für
eine Crostata
mit 30 cm Durchmesser:

300 g Buchweizenmehl

80 g Rapsöl
(nicht nativ)

3 EL Apfelmus

150 g Süßmittel

1 Packung Backpulver

200 g Marmelade
(nach Belieben)

10 Stück Walnüsse

KOMBINATION

PTISANE –
DAS GLADIATORENESSEN

1. In einer Schüssel Mehl und Backpulver mischen und dann alle anderen Zutaten für den Teig dazugeben. Der Teig wird etwas bröselig und kompakt.
2. Den Boden einer rundförmigen Kuchenform mit Backpapier bedecken. Wenn nötig, schneide es zurecht: Der ganze Boden muss bedeckt sein. Die Hälfte des Teiges hineinpressen, dabei ca. 1 cm Rand lassen.
3. Den Teig mit deiner gewünschten Marmelade bestreichen. Die grob zerkleinerten Walnüsse und den Rest des bröseligen Teiges darauf verteilen.
4. Die Crostata ca. 30 Minuten bei 180 °C im Backofen backen.

1. Einen Würfel Bierhefe in 200 ml warmem Wasser auflösen und mit Mehl, Salz und Anissamen mischen
2. Wie ein Brot ca. 6 bis 8 Minuten lang kneten. Bei Bedarf – wenn der Teig zu trocken erscheint – noch Wasser hinzufügen. Dann mit einem Geschirrtuch zudecken und 2 Stunden an einem wärmeren Ort ruhen lassen (ich stelle ihn in den ausgeschalteten Ofen).
3. Nun lange Streifen aus Teig formen und ringförmig zusammenbinden. Die Teigringe noch 30 Minuten ruhen lassen.
4. In der Zwischenzeit einen Topf mit Wasser und etwas Öl aufkochen lassen. Wenn das Wasser kocht, einen Ring nach dem anderen für einige Minuten hineinlegen. Sobald der Teig zu schwimmen beginnt, lass ihn abtropfen und auf einer Holzoberfläche trocknen.
5. Backofen auf 180 °C vorheizen, die Ringe, also die Ciammelle, auf ein mit Backpapier belegtes Backblech legen und goldbraun backen.

Zutaten für
4 Personen:

1 kg Weizenmehl

1 Würfel Bierhefe

12 g Salz

30 g Anissamen

400 ml Wasser

Öl

Ciammella Sorana

Tipps:

- ★ Das ist ein sehr altes Rezept aus Sora (Italien) und wurde von Generation zu Generation einfach mündlich übertragen. Es ist wie Brot und kann von etwas Salzigem oder Süßem begleitet werden.
- ★ Versuche dieses Rezept für jemanden zu beschreiben, ohne in den Text zu schauen. Gar nicht so leicht, oder?

Tipp:

★ Wenn du nicht alleine kochst, dann entsteht gleich eine Teamarbeit. Überlege mit deinem Team, wer was macht. So kann jeder Koch seinen Platz einnehmen und Verantwortung übernehmen.

Erdnuss-Schoko

Muffins

Zutaten für
12 Stück:

2 Tassen Mehl

½ Tasse Süßmittel

2 TL Backpulver

3 EL Rapsöl
(nicht nativ)

3 EL Apfelmus

1 Tasse pflanzliche Milch

3 EL ungesalzene Erdnüsse

200 g Bitterschokolade

1. In einer Schüssel Mehl, Süßmittel, Backpulver zusammenmischen. Dann grob geriebene Erdnüsse, Öl, Apfelmus und pflanzliche Milch dazugeben und alles mischen.
2. Schokolade auf sehr niedriger Hitze zum Schmelzen bringen, in die Schüssel mit den anderen Zutaten geben und gut rühren.
3. Den Teig in Muffin-Formen füllen und bei 180 °C 20 Minuten backen.

Der Winter bringt nicht nur Schnee, sondern auch viele spannende Geheimnisse. Blumen versuchen, ihre ganze Energie in der Wurzelknolle zu halten.

WINTER

Bäume speichern dagegen möglichst viel Wasser. Tiere ruhen, schlafen oder erstarren. Wir entdecken neue Aromen und Geschmacksrichtungen in der Küche.

REZEPTE

ANTIPASTI, SNACKS, SUPPEN

HAUPTGERICHTE

BEILAGEN

DESSERTS

Tipp:

- Nicht alle Rezepte, die in diesem Buch vorkommen, werden dir auf Anhieb schmecken. Denke nicht „nie mehr!“, sondern, wie und was du besser machen würdest.

Crêpes aus Kichererbsenmehl

Zutaten für
4 Personen:

400 g Kichererbsenmehl

500 ml Wasser

1 TL Salz

½ TL Kurkuma

5 TL Olivenöl

Gemüse deiner Wahl
(probiere z. B. Mangold)

1. Das Kicherbsenmehl mit Kurkuma und Salz in einer Schüssel vermengen. Das Wasser und das Olivenöl hinzufügen und alle Zutaten zu einer gleichmäßigen Masse verrühren.
2. Etwas Öl in einer Pfanne erhitzen. Mit einer Suppenkelle etwas von der Masse herausnehmen und in der Pfanne verteilen.
3. Den Kichererbsen-Pfannkuchen von beiden Seiten je etwa 3 bis 4 Minuten goldbraun anbraten.
4. Wenn du Mangold probieren möchtest, dann wasche die großen Blätter, schneide sie in kleine Stücke und brate sie 6 Minuten in einer geölten Pfanne. Verfeinere den Geschmack mit Salz und Pfeffer. Sehr gut schmeckt Mangold auch, wenn du eine kleine Knoblauchzehe in der Pfanne mitbrätst.

Coole Bowl

KOMBINATION

RÖLLCHEN AUS REISPAPIER GEFÜLLT MIT FANTASIE

Tipp:

★ Brokkoli ist ein Herbst-Winter-Gemüse. Weißt du, warum es wichtig ist, saisonale Gemüsesorten zu essen? Weil sie besser schmecken. Weil sie die meisten Vitamine und andere Nährstoffe enthalten. Weil sie günstiger und umweltschonend sind. Weil wir immer eine große Vorfreude darauf haben. Kennst du noch andere Gründe?

Zutaten für
4 Personen:

150 g Brokkoli

100 g Quinoa

75 g rote Linsen

200 g Süßkartoffeln

200 g Pastinaken

250 g Kichererbsen
(auch aus der Dose – abgetropft)

5 EL Olivenöl

2 EL Sesam

15 g gehackte Petersilie

2 Handvoll Spinatblätter

2 EL Tahin

2 EL Zitronensaft

2 EL Erdnüsse

Salz und Pfeffer

1. Brokkoli waschen, in kleine Würfel schneiden und auf einem Teller stehen lassen (siehe Tipp).
2. Quinoa in ein Sieb geben und unter Wasser gut abspülen. Danach in einem Topf mit der doppelten Menge Wasser ca. 10 Minuten lang aufkochen lassen.
3. Auch rote Linsen in das Sieb geben und abspülen. Danach in einen Topf legen, mit der doppelten Menge Wasser bedecken und auch ca. 10 Minuten aufkochen lassen.
4. Inzwischen Süßkartoffeln und Pastinaken gründlich waschen, schneiden (nicht unbedingt schälen), salzen und in einer geölten Pfanne 6 bis 7 Minuten anbraten.
5. Kichererbsen (z. B. aus der Dose) abtropfen lassen, waschen und in einer geölten Pfanne mit Erdnüssen 5 Minuten anbraten, damit sie knusprig werden.
6. Brokkoli in die Pfanne mit den Süßkartoffeln und Pastinaken legen, nur für ein paar Minuten, damit sie noch leicht bissfest sind.
7. In einer Tasse: Tahin, Zitronensaft, Salz, Pfeffer, Sesam und Olivenöl verrühren. Sollte die Masse zu dickflüssig sein, kannst du noch ein wenig Wasser dazugeben.
8. Zum Servieren gewaschene Spinatblätter auf vier Teller verteilen und in kleinen Häufchen das vorbereitete Gemüse dazugeben. Das Sesamdressing darübergießen. Mit Kichererbsen, Erdnüssen und frischer Petersilie bestreuen.

1. Das Gemüse gründlich waschen. Salat, Karotten, Birnen in feine Streifen schneiden und in eine Schüssel geben. Koriander klein hacken und darüberverteilen. Salz, Pfeffer und Öl dazugeben und alles durchkneten.
2. Die Rote Rübe reiben und zunächst auf einen extra Teller legen (wenn du sie gleich mit dem anderen Gemüse vermischst, wird alles rot).
3. Ein Reispapier nach dem anderen etwa 3 Minuten in einer Schale mit kaltem Wasser einweichen. Anschließend das Gemüse in der Mitte der Reisblätter verteilen und die Blätter über dem Gemüse zusammenrollen. Sojasauce in einer kleinen Schale servieren und die Röllchen eintunken und essen.

Zutaten für
15 Stück:

15 Blätter Reispapier

2 Karotten

1 große Rote Rübe

2 Birnen

ein paar Blätter Radicchio-Salat

ein paar Blätter Eisbergsalat

50 g Koriander

Salz und Pfeffer

50 g Koriander

Röllchen aus Reispapier

gefüllt mit Fantasie

Tipp:

- ★ Bist du mit deinem Resultat nicht zufrieden? Dann probiere es mit anderen Zutaten, zum Beispiel Zwiebeln, Spinat, Datteln, Rosinen, Orangen, Kiwis, oder Champignons?

Polenta Pizza

KOMBINATION

FENCHEL-GRANATAPFEL-SALAT

mit Leinsamen-Linsen-Ragù

Tipp:

★ Wenn du nicht alleine in der Küche tätig bist und deine Begleitperson etwas nicht schafft, dann zeige ihr, wie man es macht. Jeder macht, was er kann. So ist das Leben.

1. Belunga-Linsen gründlich unter Wasser waschen und ca. 30 Minuten in doppelt so viel Wasser kochen lassen.

2. Inzwischen Leinsamen mit einem Stabmixer schroten. In einem Topf Maismehl, Salz, Pfeffer und geschrotete Leinsamen mit doppelt so viel Wasser langsam mischen und ein wenig Olivenöl dazugeben und köcheln lassen. Dabei immer wieder umrühren. Sollte es zu wenig Wasser sein, dann immer wieder warmes Wasser dazugeben.

3. Inzwischen die Karotte und den Sellerie waschen und ganz klein schneiden. Die Zwiebel ebenfalls klein schneiden. Das ganze Gemüse in einer geölten Pfanne anbraten. Die Tomaten-Passata und den Knoblauch hinzufügen und 6 Minuten köcheln lassen. Mit Salz und Pfeffer würzen.

4. Wenn die Belunga-Linsen fertig gekocht sind, in den Topf mit der Passata geben und gut verrühren.

5. Die Polenta, sobald sie fertig ist, auf einen großen flachen Teller legen. Warte, bis sie lauwarm wird und sich gut schneiden lässt. Dann schneide sie in mehrere Dreiecke und brate sie 5 Minuten pro Seite in einer geölten Pfanne.

6. Serviere die Teller mit dem Linsenragù und den Polenta-Ecken oben drauf – oder auch anders, wenn dir das besser gefällt.

Zutaten für
4 Portionen:

250 g Belunga-Linsen

2 EL Leinsamen

250 g Maismehl

1 Karotte

1 Stange Sellerie

1 Zwiebel

1 Knoblauchzehe

400 g Tomaten-Passata

Olivenöl

Salz und Pfeffer

Zutaten für
4 Personen:

480 g Kichererbsen
(zum Beispiel
aus der Dose)

2 mittelgroße
Zwiebeln

1 Knoblauchzehe

½ TL Kümmel

½ TL Muskatnuss

1 EL Apfelessig

3 EL gehackte
Petersilie

Olivenöl

1 EL Mehl
(egal welches)

2 ca. 10 cm lange
Rosmarinzweige

Salz und Pfeffer

Zutaten für
die Maronicreme:

500 g Edelkastanien
(aus dem Beutel)

1 Glas Wasser

Salz und Pfeffer

1. Zwiebeln und Knoblauch würfeln und in einer geölten Pfanne kurz anbraten. Währenddessen Kichererbsen abtropfen, waschen und auch in die Pfanne legen und mit Salz, Pfeffer, Kümmel und Muskatnuss würzen.
2. Nun alles pürieren, dann Petersilie, Apfelessig und Mehl einmengen. Anschließend aus der Masse mit den Händen kleine Laibchen formen. Zu klebrig? Einfach mehr Mehl hinzufügen.
3. Maronicreme: In einer kleinen Schüssel Edelkastanien, Wasser, Salz und Pfeffer mit einem Stabmixer zu einer gleichmäßigen Creme mixen. Ist sie zu dickflüssig? Dann noch ein wenig Wasser oder pflanzliche Milch dazugeben.
4. Zurück zu den Laibchen: Eine beschichtete geölte Pfanne erhitzen und die Rosmarinzweige hineinlegen, darauf die Laibchen beidseitig (ca. 3 bis 4 Minuten pro Seite) goldbraun anbraten. Die Rosmarinzweige einfach entfernen. Sie haben ihr Aroma bereits entfaltet.
5. Serviere die Laibchen direkt am Teller mit ein paar Löffeln Maronicreme dazu.

Kichererbsen-Laibchen

in Maronicreme

Tipp:

★ Sollte dein Rezept negativ kritisiert werden, nimm es nicht persönlich, sondern frage deine Gäste lieber, was sie ändern würden. Das bedeutet nicht, dass sie es besser als du machen können. Jedenfalls hast du neue Erfahrungen in der Küche gemacht und durch die Kritik neue Inspirationen gewonnen. 😉

Indischer Linseneintopf

Tipps:

- Dieses Gericht schmeckt sehr gut mit Basmatireis. Diesen könntest du jetzt vorbereiten (Reis waschen und in doppelt so viel Wasser 8 bis 10 Minuten kochen lassen, salzen und ein wenig Olivenöl dazugeben).
- Gestalte dieses Gericht so, dass du es gut fotografieren kannst. Gute Fotos vom Essen zu machen, ist übrigens gar nicht so einfach und sogar ein eigener Beruf.

ZUBEREITUNGSZEIT:
30 MIN

Zutaten für
4 Personen:

½ Brokkoli

½ Karfiol
(Blumenkohl)

1 große Zwiebel

2 Knoblauchzehen

300 g Tomaten-Passata

1 EL Apfelessig

250 g rote Linsen

2 große Kartoffeln

2 TL Curry
(deiner Wahl, scharf oder mittelscharf)

3 Lorbeerblätter

Olivenöl

Salz

1. Karfiol und Brokkoli waschen und klein schneiden und auf einem Teller ruhen lassen. (Warum? Schau nach in der Extrainfo zum Rezept „Coole Bowl“!)
2. Zwiebel und Knoblauch schälen und fein hacken. Beide in einem geölten Topf anbraten. Danach Tomaten-Passata, Apfelessig, Curry, Salz und Pfeffer dazugeben. Alles fünf Minuten köcheln lassen und dann mit einem Stabmixer mixen.
3. Kartoffeln waschen und eventuell schälen, danach in keine Stückchen würfeln und in den Topf hinzufügen.
4. Linsen waschen und in den Topf geben. Alles 8 Minuten köcheln lassen. Die Linsen sollten nicht zu weich werden.
5. Karfiol, Brokkoli und Lorbeerblätter in den Topf geben und eventuell ein wenig Wasser dazugeben, sollte die Gemüsemischung zu trocken sein. Das Gemüse noch 5 Minuten köcheln lassen, dann die Hitze ausschalten. Alles noch 10 Minuten ruhen lassen.

Fenchel-Granatapfel Salat

ZUBEREITUNGSZEIT:
8 MIN

Zutaten für
4 Personen:

1 Fenchelknolle

1 Apfel

1 Granatapfel

30 g Kürbiskerne

1 Zitrone

natives Rapsöl

Salz und Pfeffer

1. Fenchel und Apfel waschen und in mundgerechte Stücke schneiden.
2. Den Granatapfel schälen und die Kerne zusammen mit den Kürbiskernen über den Salat streuen.
3. Zitronensaft, Rapsöl, Salz und Pfeffer hinzugeben und alles vermengen.

Tipps:

- Für den Salat könntest du mehrere Variationen ausprobieren, zum Beispiel mit frischen Sprossen dazu. Es sieht ganz lustig aus.
- Sprossen selber machen? Babyleicht! Nimm zum Beispiel Mungobohnen und wasche sie. Organisiere dir einen Plastikbehälter oder halbiere eine Plastikflasche und lege nasses Küchenpapier hinein. Füge die Mungobohnen hinzu und gieße sie täglich, für ein paar Tage lang. Das Wasser muss täglich ausgetauscht werden und die Samen dürfen nicht im Wasser schwimmen. Nach ein paar Tagen kommen die Sprossen. Du kannst sie auf einen Salat oder ein Brot streuen oder in den Gemüse-Wok geben. Sie schmecken sehr gut und schenken auch viel Power. Ganz wichtig! Bevor du sie isst, solltest du sie gründlich unter fließendem Wasser waschen.

Tipp:

- Wie könntest du dieses Gericht noch nennen, damit deine Gäste neugierig werden? Vielleicht Waldreise? Oder Spaziergang in der Wiese? Oder Space-Power?

Karotten-Kartoffel Mix

Zutaten für
4 Personen:

4 mittelgroße Kartoffeln

5 Karotten

1 Zwiebel

3 EL gehackte Petersilie

2 Rosmarinzweige
(ca. 10 cm lang)

1 EL Sesamsamen

1 EL Apfelessig

2 EL Olivenöl

2 EL Rapsöl

Salz und Pfeffer

1. Kartoffeln waschen und in Wasser kochen lassen, bis sie weich werden (ca. 10 Minuten).
2. Inzwischen Karotten gründlich waschen, in dünne Scheiben schneiden und in die Schüssel mit den Ölen, Salz, Pfeffer, Sesamsamen, Apfelessig und gehackter Petersilie geben.
3. Die gekochten Kartoffeln schälen und die Zwiebeln fein hacken, gemeinsam mit den Rosmarinzweigen in einer geölten Pfanne anbraten, bis sie goldbraun werden. Anschließend mit den Karotten vermischen und servieren.

Zutaten für
4 Personen:

1 Karfiol (Blumenkohl)

80 ml Pflanzenmilch

40 g Buchweizenmehl

1 TL Paprikapulver

1 Prise Natron

Salz und Pfeffer

Bratöl

Für den Joghurt-Dip:

400 ml pflanzliches Naturjoghurt

2 EL Apfelessig

1 TL Paprikapulver

1 Knoblauchzehe

1 EL Sesamsamen

1. Backofen auf 200 °C vorheizen und ein Backblech mit Backpapier auslegen.
2. Mehl, Paprikapulver, Natron, Salz und Pfeffer zusammenmischen und dann mit Pflanzenmilch und Öl zu einem gleichmäßigen Teig verarbeiten.
3. Karfiol-Röschen in die Schüssel mit dem Teig geben und so lange mit einem Pinsel oder mit den Händen bearbeiten, bis alle Röschen gleichmäßig mit Teig überzogen sind.
4. Die Karfiol-Röschen gleichmäßig – ohne dass sie einander berühren – auf dem vorbereiteten Backblech verteilen und für 25 Minuten in den Ofen schieben. Nach der Hälfte der Backzeit mithilfe eines Servierlöffels die Röschen wenden. Sie sollen uniform goldbraun werden.
5. In der Zwischenzeit den Dip vorbereiten: Mit einem Stabmixer alle Zutaten außer den Sesamsamen in einer kleinen Schüssel mischen. Danach die Sesamsamen hinzufügen und den Dip eventuell in den Kühlschrank stellen.
6. Die Karfiol-Röschen mit dem Dip servieren.

Gebackener Karfiol

in Joghurt-Dip

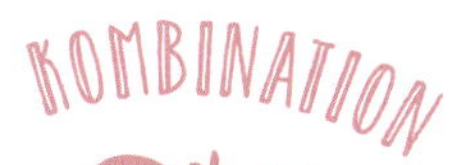

Tipp:

★ Wenn du in der Küche bist, bist du für dich selbst verantwortlich und natürlich auch für das Essen der anderen. Das schaffst du, weil es das ist, was du machen möchtest.

Tipp:

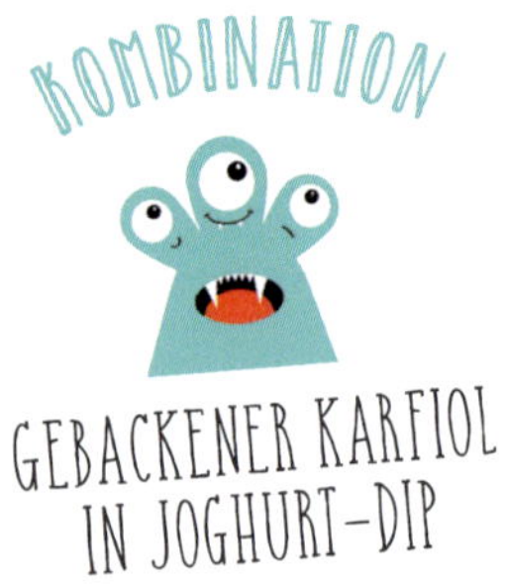

★ Pflanzen statt Asphalt – könntest du dir vorstellen, dass auf allen öffentlichen Grünflächen der Stadt, genauso wie auf der Straße oder in den Parks und Gärten Gemüse und Obst gepflanzt würden? Welche Gemüse- und Obstsorten würdest du in deiner Stadt je nach Jahreszeit einpflanzen?

Kekse
aus Kastanienmehl

Zutaten für
4 Personen:

50 g Buchweizenmehl

100 g Kastanienmehl

30 g Kartoffelstärke

1 TL Backpulver

50 g Süßmittel

1 Prise Salz

50 ml Wasser

50 g hitzebeständiges Rapsöl

3-4 gekochte Edelkastanien

1. Edelkastanien- und Buchweizenmehl mit der Kartoffelstärke und dem Backpulver in eine Schüssel sieben. Dann Wasser, Öl, Süßmittel, eine Prise Salz und die gekochten, grob gebröselten Kastanien hinzufügen und mit einem Löffel verrühren, bis der Teig glatt und gleichmäßig ist.
2. Zu walnussgroßen Teigkugeln formen, flach drücken und auf ein mit Backpapier belegtes Backblech legen.
3. Im vorgeheizten Backofen bei 180 °C 20 Minuten backen. Nimm die Kekse aus dem Ofen und lass sie abkühlen, bevor du sie kostest.

Süßkartoffel-Schokoladenkuchen

★ „Verkomplizieren ist einfach, vereinfachen ist schwierig. Um etwas zu verkomplizieren, reicht es, alles hinzufügen, was man will: Farben, Formen, Aktionen, Dekorationen, Charaktere, Umgebungen voller Dinge. Jeder ist fähig zu verkomplizieren. Nur wenige sind in der Lage zu vereinfachen."
Bruno Munari

★ „Complicare è facile, semplificare è difficile. Per complicare basta aggiungere, tutto quello che si vuole: colori, forme, azioni, decorazioni, personaggi, ambienti pieni di cose. Tutti sono capaci di complicare. Pochi sono capaci di semplificare."
Bruno Munari

KOMBINATION

KICHERERBSEN-LAIBCHEN IN MARONICREME

Zutaten für
einen Kuchen
mit 30 cm Durchmesser:

1 kg Süßkartoffeln

2 EL Süßmittel

35 g Maisstärke
(z. B. Maizena)

Saft von 1 frischen Orange

80 ml Pflanzenmilch

½ TL Safranpulver

1 Prise Muskatnuss

Zutaten für den Teig:

270 g Buchweizenmehl

25 g Bitterkakao

½ Packung Backpulver

70 g hitzebeständiges Rapsöl

70 g Süßmittel

80 g Pflanzenmilch

3 EL geriebene Bitterschokolade

1. Süßkartoffeln schälen, in Würfel schneiden und in einem Topf mit ausreichend Wasser ca. 8 Minuten kochen lassen, bis sie weich werden.

2. Danach die Süßkartoffeln mit einem Kartoffelstampfer in einer Schüssel zerdrücken. Süßmittel, Maisstärke, Orangensaft, Pflanzenmilch, Safranpulver und Muskatnuss dazu und alles mixen, bis eine glatte, gleichmäßige Creme entsteht.

3. Nun der Teig: In einer Schüssel Buchweizenmehl, Backpulver, Bitterkakao vermischen, dann Rapsöl, Süßmittel und Pflanzenmilch hinzufügen. Alle Zutaten gut vermischen, bis ein glatter und gleichmäßiger Teig entsteht. Den so erhaltenen Teig mit einem Nudelholz 3 bis 4 mm dick ausrollen und in die mit Backpapier ausgelegte oder gut geölte und leicht bemehlte Form legen.

4. Die Süßkartoffelcreme über den Teig gießen und mit einem Löffel glatt streichen, dann den Kuchen im vorgeheizten Backofen bei 180 °C 40 Minuten backen. Vollständig abkühlen lassen, dann vor dem Servieren die Oberfläche mit geriebener Bitterschokolade dekorieren.

Cake Pop

★ „Kunst ist die kontinuierliche Forschung, Assimilation vergangener Erfahrungen, Hinzufügung neuer Erfahrungen, in Form, Inhalt, Material, Technik, Mitteln."

„L'arte è ricerca continua, assimilazione delle esperienze passate, aggiunta di esperienze nuove, nelle forma, nel contenuto, nella materia, nella tecnica, nei mezzi."

Bruno Munari

★ Wenn alles Kunst ist, nichts ist mehr Kunst.

„Quando tutto è arte niente è arte."

Bruno Munari

Zutaten für
4 Personen:

250 g säuerliche Äpfel

300 g Karotten

100 g Wallnusskerne

1 Bio-Zitrone

250 g Buchweizenmehl

1 Packung Backpulver

½ TL Natron

150 g Süßmittel

150 g hitzebeständiges Rapsöl

Cakepops-Stäbe

150 g Bitterschokolade

1. Backrohr auf 180 °C vorheizen
2. Karotten und Äpfel waschen und in einer Schüssel reiben. Bio-Zitrone waschen, den gelben Teil der Schale fein reiben und die Zitrone auspressen. Zitronenabrieb mit 3 Esslöffeln Zitronensaft in die Schüssel geben, alles mit dem Stabmixer grob mixen. Walnüsse grob hacken und in die Schüssel streuen.
3. Mehl, Natron, Backpulver in einer Schüssel verrühren und dann mit Süßmittel, Öl und der Karotten-Apfel-Nussmischung ergänzen und noch einmal rühren. Den Teig in der geölten und mit Mehl gestaubten Form verteilen und 50 bis 60 Minuten goldbraun backen.
4. Kuchen aus dem Rohr nehmen und kühlen lassen. Danach in ca. 4x4 cm dicke Würfel schneiden und mit den Händen in Kugelformen pressen. Anschließend die Cakepop-Stäbe in die Kugeln stecken.
5. Bitterschokolade in einem Topf bei niedriger Hitze schmelzen lassen. Dann die Cake-Pops hineintunken und auf einem mit Backpapier bedeckten Teller kühlen lassen.

KOMBINATION

CRÊPES AUS KICHERERBSENMEHL

Register

ANTIPASTI, SNACKS, SUPPEN

HAUPTSPEISEN

BEILAGEN

DESSERTS

Über die Autorin:

SARA PANCOT ist Gründerin und Leiterin der pädagogischen Einrichtung Spielzimmer 5 Sinne in Wien (www.spielzimmer-5-sinne.at), Kinderbuchautorin und Ernährungstrainerin (spezialisiert u. a. auf Ernährung während und nach der Schwangerschaft sowie für Kinder).

Variieren, Kombinieren und Experimentieren stehen bei ihr neben dem sorgsamen Umgang mit den saisonalen Lebensmitteln im Vordergrund. Die Rezepte in diesem Buch sind einerseits als Einladung, Neues zu entdecken und Eigenes zu kreieren, sowie andererseits als Inspiration und Vertiefung zu verstehen.

www.sarapancot.com/nutritionforlife